«Ich habe im Dickicht der Erde gewühlt und es sind die Bestien des Tierkreises hervorgekommen, also habe ich diese Bestien verfolgt wie auf einer Jagd» – schreibt Max Jacob im Motto zu diesem Buch. Sein wunderlicher und scharfer Geist, der wie ein spöttischer Engel über das Paris des Dada und Surrealismus flatterte, bringt von dieser Jagd eine reiche Beute zurück: ein kleines Handbuch der Astrologie, sehr handlich und präzise (er schrieb es in Zusammenarbeit mit dem Astrologen Valence), in dem für jedes Zeichen, nach der Aufzählung der verschiedenen Eigenschaften und Charakterfehler, wie lebendige Beispiele die Bildnisse der einzelnen Damen des Zeichens folgen. Und jedesmal sind es leichte und eindringliche Geschichten, liebevoll und scharfsichtig. Jede der Erzählungen trägt den Eindruck des Tierkreises auf Personen, die Jacob mit solcher Vertrautheit schildert, daß sie uns nicht nur wie seine, sondern auch wie unsere alten Bekannten erscheinen. Und es gibt dann auch keinen Zweifel, daß dieses Buch einen der Hauptfehler so vieler astrologischer Handbücher vermeidet: zu viele Eigenschaften auf die im jeweiligen Tierkreiszeichen Geborenen zu sammeln, so daß die Unterschiede schließlich verschwinden. Mit ausgefeilter Frivolität und einer gewissen unterschwelligen Bosheit schenkt uns Jacob so nicht nur einen bunten weiblichen Tierkreis, sondern ein indirektes Selbstbildnis von Max Jacob unter den Frauen.

insel taschenbuch 1288
Max Jacob
Claude Valence
Spiegel der Astrologie

SPIEGEL DER ASTROLOGIE

von Max Jacob und Claude Valence
Aus dem Französischen
übersetzt von Reinhard Tiffert
Insel Verlag

Umschlagabbildung: Henri Matisse, *Ikarus,* 1949,
Entwurf für «Jazz», Gouacheschnitt. Privatsammlung.
© VG Bild-Kunst, Bonn, 1990.

insel taschenbuch 1288
Erste Auflage 1990
Insel Verlag Frankfurt am Main 1990
© 1987 Matthes & Seitz, Verlag GmbH, München
Alle Rechte vorbehalten
© der Originalfassung «Miroir d'Astrologie»
by Librairie Gallimard, Paris 1949
Vertrieb durch den Suhrkamp Taschenbuch Verlag
Umschlag nach Entwürfen von Willy Fleckhaus
Satz: Fotosatz-Service Weihrauch, Würzburg
Druck: Nomos Verlagsgesellschaft, Baden-Baden
Printed in Germany

1 2 3 4 5 6 - 95 94 93 92 91 90

SPIEGEL DER ASTROLOGIE

> Ich habe im Dickicht der Erde gewühlt
> und es sind die Bestien des Tierkreises
> hervorgekommen, also habe ich diese
> Bestien verfolgt wie auf einer Jagd.
>
> *Max Jacob*

VORWORT

Diese endgültige Fassung des «Spiegel der Astrologie» enthält Auszüge aus dem «Livre d'Arcandam», einem kostbaren, sehr seltenen, Ende des 16. Jahrhunderts erschienenen Opusculum, sowie die für jedes Sternzeichen vorgeschlagenen «Embleme» und die «Damen der Dekaden» von Max Jacob. Dem Autor des «Laboratoire central» und des «Tableau de la Bourgeoisie» war es vorbehalten, uns mit der ihm eigenen Symbolkunst und seinem divinatorischen Gespür für die menschlichen Charaktere die jedem Typus zugehörenden «Embleme» zu liefern, nebst den von jeder Konstellation abhängigen weiblichen Porträts, wo der «Sohn der Madame Gagelin[1]» und der Vater so vieler Helden des «Cabinet noir» oder des «Cinématoma» es nicht verfehlte, etwas misogyn zu

---

[1]. Madame Gagelin ist eine von Max Jacob geschaffene Figur, die im Briefroman «Le Cabinet noir» und im «Cinématoma» erscheint (A.d.Ü.).

erscheinen. Im Gedenken an den großen Dichter bekunden wir darum nicht weniger unsere ganze Bewunderung und Dankbarkeit.

Die Astrologie behauptet – wie es die Chemie für die Materie tut –, daß man die Menschen auf eine bestimmte Anzahl «einfacher Körper» zurückführen kann. Die Klassifizierung ist willkürlich, wie jede Klassifizierung. Könnte sie indes auch ihre praktische Wahrheit enthalten? Ich meine, man darf das behaupten.

Die Art des Zugangs ist in der Erkenntnis immer relativ. Wir gehen näherungsweise vor. Wenn ich ein Stilleben male, setze ich zuerst die Lokalfarben. Diese durch Synthese geschaffenen Farbtöne erlauben mir dann, jeden Gegenstand in seiner Tiefe zu erfassen und bringen mich folglich der sinnlichen Wahrheit näher, die ich zu erreichen trachte. Die Astrologie geht in gleicher Weise im Psychologischen vor. Mittels jahrtausendealter Gesetze, deren Determinismus wir feststellen, aber nicht erklären können, lehrt uns die Astrologie, daß es Gleichklang, Analogie, Sympathie oder Antipathie zwischen den verschiedenen Tierkreiszeichen und den Individuen, die unter ihrem Einfluß geboren werden, gibt.

Das astrologische Jahr beginnt am 21.März zur

Frühlings-Tagundnachtgleiche, wenn die Sonne in ihrem scheinbaren Jahreslauf in das Zeichen des Widders eintritt. Dieses in zwölf Monate zu 30 Tagen eingeteilte Mondjahr entspricht den Tierkreiszeichen. Jedes Sternzeichen ist in drei «Dekaden» untergliedert, die ihrerseits von zwei Planeten dominiert werden. Die astrologische Tradition lehrt uns, daß jedem dieser Sternzeichen eine bestimmte psychologische Wesensart untersteht und daß diese Veranlagung in allen Bereichen ihre Entsprechung findet. Jedes Individuum kann also entsprechend dem Monat und dem Datum seiner Geburt auf einen Grundcharakter zurückgeführt werden, dessen Typus und Analogien durch die Konstellation der ihm zugehörigen Dekade geliefert werden.

In den folgenden Anmerkungen habe ich mich bemüht, nur den «Lokalton» und den «psychologischen Zusammenklang», wie er jeder Konstellation entspricht, aufzustellen, und nicht etwa den Charakter eines ganz bestimmten Individuums empirisch zu beschreiben.

Die sogenannte wissenschaftliche Astrologie kann dieses Ziel mittels des Horoskops erreichen und hat sehr oft dabei Erfolg. Das Horoskop ist eine geometrische Projektion des Sternenhimmels der Geburt für ein bestimmtes Datum und einen bestimmten Ort. Jedes Individuum wird darin durch die Polarität der sieben Planeten und der zwei Gestirne dargestellt, die als psychologische Faktoren angesehen werden. Insgesamt haben diese Anmerkungen nur einen entfernten Bezug zum Horoskop; der «Spiegel der Astrologie» behauptet nicht, die vollständige Bedeutung eines Individuums anzugeben, sondern bezweckt nur eine allgemeine Einordnung.

Die große astrologische Synthese ist eine geheimnisvolle Klaviatur, auf der unsere «instinktiven Rhythmen» eine Welt aus «Analogien» entdecken. In der vorliegenden Ausgabe findet sich eine wohlerwogene Auswahl dieser Analogien, die sich auf die jeweilige Konstellation und den ihr unterstehenden Charakter beziehen.

Diese verschiedenen, aus allen Bereichen genommenen Analogien erlauben es, noch vor der Beschreibung jedes Typus dessen «Resonanz» anzugeben. Unser Gedanke dabei war, durch den Gebrauch einer verkannten Sprache Anhaltspunkte in einer sinnlichen Atmophäre zu schaffen und dadurch unsere Interpretation zu erleichtern. Schließlich geben wir – was man allem Anschein nach bis jetzt versäumt hat – die astrologischen Entsprechungen der Kleinen Arkana des Tarot zu den Dekaden und ihren Bedeutungen. Wenn man bedenkt, daß das Tarotspiel eines der ältesten Mittel der Wahrsagekunst ist und sein mehr als tausendjähriger Ursprung wahrscheinlich mit dem der Astrologie zusammenfällt, wird man zustimmen, daß die überlieferten Lehren, die es uns anbietet, nicht mißachtet werden sollten.

Indes ist es für das richtige Erfassen des Sinnes wichtig, nicht zu vergessen, daß die vier grundlegenden Attribute der kleinen Arkana den Elementen, d.h. den vier astrologischen Dreiheiten entsprechen:

Die Stäbe, Symbol der Erde, bezeichnen das materielle Leben.

Die Kelche, Symbol des Wassers, bezeichnen das Gefühlsleben.

Die Münzen, Symbol der Luft, bezeichnen das soziale und geistige Leben.

Die Schwerter, Symbol des Feuers, bezeichnen das Leben der Leidenschaften.

Für das vollständige Verständnis dieses Buches darf ein Individuum nicht nur in eine Konstellation eingeordnet werden, sondern in die drei Zeichen, die ihn seiner Dekade entsprechend charakterisieren.

C.V.

TIERKREISZEICHEN

WIDDER ♈	Erste Wohnung des Mars
STIER ♉	Erste Wohnung der Venus
ZWILLINGE ♊	Erste Wohnung des Merkur
KREBS ♋	Wohnung des Mondes
LÖWE ♌	Wohnung der Sonne
JUNGFRAU ♍	Zweite Wohnung des Merkur
WAAGE ♎	Zweite Wohnung der Venus
SKORPION ♏	Zweite Wohnung des Mars und Wohnung des Pluto
SCHÜTZE ♐	Erste Wohnung des Jupiter
STEINBOCK ♑	Erste Wohnung des Saturn
WASSERMANN ♒	Zweite Wohnung des Saturn und Wohnung des Uranus
FISCHE ♓	Zweite Wohnung des Jupiter und Wohnung des Neptun

PLANETENZEICHEN

♂ Mars   ♀ Venus   ☿ Merkur
☽ Mond   ☉ Sonne   ♃ Jupiter
♄ Saturn   ♁ Uranus   ♆ Neptun
                ♇ Pluto

WIDDER

21. März bis 21. April
Erste Wohnung des Mars
Dreiheit des «Feuers»

ANALOGIEN

Der Phönix, der Adler, der Hahn, der Sperber, der Grünspecht, der Jaguar, der Slughi, die Zeder, der Hartriegel, der Pfefferstrauch, der Akanthus, der Knoblauch, der Senf, die Brennnessel.
Blut- und Richtstätten. Die Vulkane, der Blitz, die Feuersbrünste, das Feuer, das Fieber.

STEINE: der Rubin, der Feuerstein, der Magnetstein, der Pyrit, der Ocker, die roten Steine.

METALL: der Stahl.

FARBEN: (funkelnde, metallische): Zinnoberrot.

GESCHMACK: brennend.

DÜFTE: das Basilikum, die Myrrhe, Harzgerüche, Dufthölzer, alter Wein, das Heu, feuchte Erde.

KLANG: die Trompeten.

PERSÖNLICHKEITEN: Johann Sebastian Bach, Goya, Joseph de Maistre, Marschall Lannes, Gustave Moreau, Baudelaire, Alfred de Vigny, Lautréamont, Bismarck, Caillaux, Jean Moréas, Zola, Hitler, Charles Maurras, Montherlant, Vlaminck, Gambetta, Henry Bataille, Serge Lifar.

DER WIDDER LIEBT die Waage,
steht in Einklang mit dem Löwen und dem Schützen, verträgt sich mit den Zwillingen und dem Wassermann, liebt nicht den Steinbock und den Krebs, verträgt sich nicht mit dem Stier, der Jungfrau, dem Skorpion und den Fischen.

EMBLEM: «Ein Mann, der die Stirn gegen die Lanzen einer Armee richtet» (der Mut und das Wagnis im Dienst des Herrschen-Wollens).
Praktisches Schaffen und Verwirklichen. Die Wünsche und Triebe. Der Stolz, die schnelle Auffassungsgabe. Der Kampfgeist.

VORZÜGE: Feuereifer, Mut zum Risiko, Begeisterung.

SCHWÄCHEN: Tyrannei, Inkonsequenz, Fanatismus.

Ungestüme, ehrgeizige, tatendurstige Natur, für die die Tat ein Maßstab ist.
Kennt keine Hindernisse; falls er dennoch welche entdeckt, räumt er sie aus dem Weg und sofern ihm dies nicht gelingt, gerät er in Zorn.
Versucht nicht zu gefallen, sondern sich aufzudrängen.
Unbedingtes, fast brutales Selbstvertrauen, oft Unverschämtheit. Will nie warten und klopft selten an. Entschuldigt sich nie, bedankt sich selten.
Handgreiflich. Hunger nach Besitz.
Fast ständig kochend, brummend oder innerlich zornig. Nie zufrieden.
Fanatisch und leidenschaftlich. Kämpferisch.
Energie und eiserner Wille.
Hart gegenüber Unbilden. Glück in jeder Art von Krieg, in allem, was rot und blutig ist, in allen Werken des Feuers.
Sie lieben den Wechsel und die Abenteuer, aber dabei die Lust an der Gewißheit, an den Aktionen, den schnellen Entschlüssen, den eindeutigen Folgerungen.
Lust an der Perfektion.
Unbedingtes Vertrauen in ihre Fähigkeiten.

Kraftvolle, energische Intelligenz. Herrisches Denken. Das Denken ist für sie eine rasche, schöpferische und vollbringende Tat.

Sie sind eher zur Initiative als zur Verwirklichung imstande. Sie sind schöpferisch, legen die Fundamente und überlassen anderen den Rest.

Probleme erledigen sie rasch; das Ergebnis ist nicht so wichtig: der «Gordische Knoten».

Ihnen graut vor der Kontemplation, dem Träumen. Sie verachten die Rührung, alles, was den Schwung bremst, lähmt, zum Stocken bringt.

Sie sind überall die Ersten, wo Gefahr droht. Sie mögen es, Schwierigkeiten spielend zu meistern und neue zu schaffen. Sie lieben die Gefahr und suchen sie.

Genau in ihrer Sprache, reden sie laut und wollen die Stimme der anderen übertönen. Sie reden «wie mit Peitschenhieben».

Sie fürchten nichts, außer daß es ihnen an Leben fehlen könnte.

Sie sind heftig, herrschsüchtig, überschäumend, Ihre Bewegungen sind brüsk und rasch. «Verheerendes Treiben» (Dumas).

Sie reden über sich selbst, über ihre Großtaten und fürchten nicht, sich in höchsten Tönen darüber zu ergehen.

WIDDER

Großherzig, aber nie gut, noch gesellig.

Die großen Befehlshaber, die Autokraten, die Eroberer, die großen «Chirurgen», die genialen Schöpfer, die «Führer».

Die schöpferische Kraft, der Lebenselan, die Bewegung, die Tat, das Feuer. Man kann ihn niemals in geordnete Bahnen lenken. Er explodiert oder verströmt. Man kann nicht daran rühren: es ist Feuer.

DIE FRAU DES WIDDERS ist manchmal Pallas, die «Tritonin mit den blaugrünen Augen», um mit Hesiod zu reden, die gerüstet dem Kopf des Jupiter entsteigt; manchmal Minerva oder die Weisheit. Beide sind sie glutvoll und lebhaft, oft ausschweifend, unzähmbar und den Aufruhr «des Geistes» liebend. Sie sind große Verführerinnen.

KÖRPERLICHE KRANKHEITEN: Ungestüme Krankheiten, zumal das Fieber. Rasereien, Krankheiten des Kopfes.

MORALISCHE KRANKHEITEN: Nie an sich selbst zweifeln. Seinen Willen unbarmherzig und tyrannisch durchsetzen, selbst wenn er absurd ist.

Die Augenbraue ist groß, aber die Augen sind im allgemeinen klein: durchdringendes und spöttisches Adlerauge. Funkelnder und kühner Blick. Die Pupillen, die meist von rötlichem Grau sind, fixieren beim Reden, das macht den Blick hart und fest. Das Weiße des Auges ist oft blutunterlaufen. Die Brauen sind dicht behaart, manchmal struppig, sehr niedrig über den Augen. Sie runzeln sich leicht, heben sich beim Reden, um sich sofort wieder zu senken.

Die Nasenwurzel beginnt sehr hoch zwischen den eng beieinanderliegenden Augen. Die Nase ist hakenförmig, groß, gewölbt, spitz. Raubvogel. Die Nase Polichinelles. Offene, geweitete Nüstern. Vorspringendes Kinn, vordringend, hartnäckig. Kleine, abstehende Ohren, harte Knorpelpartien, lange Ohrläppchen. Knochige Wangen, hervorspringende Wangenknochen. Die oft verächtlichen Lippen sind in den Winkeln herabgezogen. Knappe Diktion. Schmetternde Stimme. Hartes, muskulöses Gesicht. Der Kopf ist kurz, klein und im allgemeinen oval. Hohe und freie Stirn. Harte, straffe Haut, matt und feinporig; rotbräunlicher Teint besonders gegen die Ohren hin. Sie gehen mit erhobenem, nach hinten geworfenem Haupt.

WIDDER

Von überdurchschnittlicher Körpergröße, kräftiger Gestalt, Brust breit und gewölbt, Schultern kräftig, Rücken fleischig. Keinen Schmerbauch, muskulös.
Die Hände sind hart und häßlich.
Die Finger lang, groß und kräftig, am dritten Fingerglied dick. Das erste Glied des Daumens ist breit, klotzig.
Ihre Kraft liegt in ihrem Blick. Die Autorität.

Das LIVRE D'ARCANDAM sagt:
«Er wird seine Werke an den undankbaren Menschen vollbringen. Er wird das Schlechte wie das Gute meiden. Er ist gierig; unzufrieden mit den Speisen wird er aus Unersättlichkeit über sie grollen, wenn nicht offen, so doch im Innern. Die Galle wird in ihm herrschen».

ERSTE DEKADE: 21.März bis 31.März
Widder, Mars, Widder.
Der «Windhund» aus Analogie; das Rennen und die Beute. Verbissene Arbeiter. Schmiedeknechte, greifen schonungslos an. Hemmungsloser Ehrgeiz, Arrivisten. Liebestoll, Rasende, dabei durchtrieben und spitzfindig. Die Ruhe ermüdet sie. Verachten den Schmerz. Sinn für heroische Taten. Abscheu vor dem «Pöbel». Von Prinzen

gesucht und geschätzt. Sehr scharfsichtig und durchdringend. Rascher und richtiger Blick. Stakkatohafte Stimme.

ZWEITE DEKADE: 31.März bis 11.April
Stier, Sonne, Widder.
Zusammenspiel von glücklichen Eigenschaften, die den Erfolg begünstigen. Einzelgänger, die die anderen beneiden, obwohl sie selbst Neid erwecken. Verzehrende Gewinnsucht. Gier: Sie sehen die Silhouette noch bevor sie den Gegenstand selbst sehen. «Sie berühren nur zögernd mit dem Finger». Durchforschen und erkunden die Worte und Taten der anderen. Fragen aus. Sind begierig, Geheimnisse zu lüften.
Sinnen betrügerischen Geschäften und Hinterhalten nach.
Nützlichkeit, Gewandheit, Behendigkeit.

DRITTE DEKADE: 11.April bis 21.April
Zwillinge, Venus, Widder.
Außergewöhnliche Kraft in den Freundschaften. Verschwenderisch in den notwendigen Dingen. Sie sind oft «disharmonisch».
Das Glück fällt ihnen zu und bleibt ständig prekär. Große Gefahr, sich zugrundezurichten, indem einer unüberlegten Laune nachgegeben wird. Sehr wechselhafte Stimmung. Exzeß.

SÄTZE DES TAROT, die den Dekaden des Widders entsprechen:

Erste Dekade: 21.März bis 31.März
«Königin der Stäbe».
Die Zukunft und die Macht hängen an einer Frau.

Zweite Dekade: 31.März bis 11.April
«V der Stäbe».
Sieg nach den überwundenen Schwierigkeiten. Dem gegenteiligen Prinzip mißtrauen.

Dritte Dekade: 11.April bis 21.April
«V der Schwerter».
Fixe Idee, Besessenheit. Monomanie, die in den Wahnsinn führen kann. Symbol gegensätzlicher Prinzipien, die Verwirrung und Unstimmigkeit mit sich bringen.

DIE DAMEN IM ZEICHEN
DES WIDDERS

Erste Dekade.

«Wäre ich ein Mann, ich wäre Flieger geworden: ich liebe die Mechanik und den Himmel», sagte mir eine Widderdame und mir schien es, daß alle anderen durch ihren Mund sprachen. Die betreffende Dame war vom 24. März. Sie wurde mit einem Hotel in einer kleinen Provinzstadt reich, und ihr Hotel war bei allen Liebhabern guten Essens und tadellosen Benehmens bekannt. Die Automobilisten redeten davon: «Machen Sie doch einen Umweg von ein paar Kilometern, um bei Arsénie Lepreux zu Mittag zu essen. Sehr gepflegt ist es da, und das Haus ist gemütlich.»

Tatsächlich ist Arsénie Lepreux kein gewöhnlicher Mensch. Sie hat es immer abgelehnt, zu heiraten, da sie nie einen Mann gefunden hat, der ihrer würdig gewesen wäre. Schon als Kind verachtete sie ihre Lehrer in der Schule, lachte ihnen mit einer Frechheit, die über ihr Alter hinausging ins Gesicht, wies ihnen nach, daß sie unrecht hatten. Während die kleinen Mädchen in bigotter Ergebenheit den Priestern zuhörten, die sie auf ihre Erste Heilige Kommunion vorbereiteten, lachte sie nur darüber und behauptete: «Gott ist überhaupt nicht so.» Zwar mußte man doch zugeben, daß sie ihren Katechismus auswendig wußte, aber man konnte sie nicht ausstehen.

Später las sie viel und begeisterte sich für die alten Mythologien, die Lehre Mohammeds: man mußte sie «davon abbringen, Mohammedanerin zu werden» (sic!). Ihre Eltern führten schon das Hotel. Das war gegen 1900: die angloamerikanischen Sitten hielten in Frankreich Einzug. Mit 15 Jahren erreichte Arsénie bei ihren Eltern, daß das Haus umgestaltet wurde, fließend heißes und kaltes Wasser installiert, Bäder gleich neben den Hotelzimmern und Wasserklosetts aus weißem Porzellan eingebaut wurden, weiterhin, daß man sich einen teuer bezahlten Küchenchef und Luxusmöbel in den Zimmern leistete. Sie ließ Werbeanzeigen in die Reiseführer setzen und verwandelte so ein gutes Gasthaus in einen schmucken kleinen Palast. Sie ahnte die Zukunft des Autos und ließ eine Garage bauen, übrigens die erste in der Gegend. Später hatte sie die Idee der Vereine zur Förderung des Fremdenverkehrs. Zur damaligen Zeit war das eine richtige Revolution. Sie entdeckte die «Sehenswürdigkeiten» der Gegend, die die Touristen anlocken konnten: das Wort und die Sache waren noch recht neu. Das ging nicht wie von selbst; man beneidete sie und gehorchte ihr doch. Sie betrieb antiklerikale Politik und hatte die halbe Stadt gegen sich aufgebracht, aber sie war geistvoll und vernichtete die Leute durch ihre schlagfertigen Erwiderungen. Im übrigen trat sie nur mit wohldurchdachten Finanzierungsplänen hervor. Die beiden anderen Hotels der Stadt mußten sie nachahmen, um konkurrenzfähig zu bleiben, und der Virus des materiellen Fortschritts im Hotelgewerbe erreichte die benachbarten Départements.

Für Arsénie ist ihr Erfolg kein Grund zur Eitelkeit; in ihrem Benehmen bleibt sie einfach, in ihren Reden bescheiden, weiß sehr wohl um ihren Wert, trägt ihre Verantwortung; sie ist leutselig, vertraulich und behandelt das gut, was ihr einen Wert zu haben scheint, mag das nun ein Koch sein, der sie versteht oder ein Ratsherr des Départements, der bei ihr abgestiegen ist; sie hat einen Pariser Gelehrten mit ihren Entdeckungen verblüfft und die Stadt dadurch in Erstaunen versetzt, daß sie eine arme junge Mutter unter ihre Fittiche nahm, die keiner als Magd haben wollte. Sie hat sie zu sich genommen und ihre Umgebung verpflichtet, sie zu achten: «Wenn je-

mand schlecht zu dir redet, sag' es mir und wir werden sehen, welche Entscheidung zu treffen ist. Du brauchst keine Angst zu haben, ich bin da.» Sie hat sie verheiratet und mit einer großzügigen Mitgift unter der Voraussetzung versehen, daß keine kirchliche Trauung stattfindet und die Kinder nicht getauft werden. «Ihnen steht es frei, sich eine Religion zu wählen, wenn sie den Kopf dazu haben.»
Arsénie ist sehr häßlich, aber sie hat einen mächtigen und lebhaften Blick. Ein Blick von ihr genügt, um die böswilligen Schwätzer zum Schweigen zu bringen; sie kehrt ihnen den Rücken, nachdem sie sie fixiert hat.
Arsénie kümmert sich nicht um den Klatsch vor den Haustüren; allerdings weiß sie, was erzählt wird, behält es und macht es sich bei passender Gelegenheit zunutze, denn sie hat ein bewundernswertes Gedächtnis. Sie führt Prozesse, gewinnt sie, indem sie selbst in die Rolle der Anwälte und Verteidiger schlüpft, ihnen die Arbeit vorkaut und ihre Plädoyers und beruflichen Pflichten vorzeichnet. Sie ist nicht geldgierig, aber sie braucht sowohl für die ihr ganz natürliche großzügige Lebensführung als auch für ihren Betrieb, den sie täglich perfektioniert, Geld. Obendrein möchte sie, daß ihre Angestell-

ten gut bezahlt werden und sich die Reisenden bei ihr wohlfühlen. Ihr liegt mehr am gepflegten Stil und der Berühmtheit ihres Hauses als an ihrem Vermögen.

Sie ist eine aufgeräumte, seriöse Frau, die sich schrecklich gegenüber ihren Feinden und angenehm gegenüber ihren zahlreichen Freunden zeigt. Die Stadt X verdankt ihr viel in puncto «Hygiene». Es heißt, sie habe mit dreißig eine große Liebe zu einem zarten, blonden jungen Mann gehegt. Als eine Freundin ihr gegenüber darauf zu sprechen kam, hat sie nur gelacht und ihre schönen makellosen Zähne gezeigt und dann eine Träne mit einem großen Batisttaschentuch weggewischt.

Ihr Testament steht fest. Sie vermacht ihr Vermögen der Stadt, damit die Bibliothek durch eine reiche Sammlung philosophischer Werke erweitert werde, die «Sammlung Arsénie Lepreux in memoriam Ernest Renan» heißen soll.

Die Damen der beiden anderen Dekaden haben dieselben geistigen Qualitäten: Genauigkeit, fundierte Spiritualität, Größe in den Vorsätzen, wehrhaft, aber oft durch körperliche Gebrechen in den Hintergrund gedrängt, ein sehr feines Empfinden und ein übersteigerter Sinn für die

Kunst. Es sind oft Frauen mit Talent als Kämpferinnen wie Arsénie Lepreux. Sie sind dazu geboren, das Leben eines tatkräftigen Mannes zu verschönern und an seiner Seite ein persönliches Leben zu führen, das er respektiert.

Meine Freundin Yvonne Leclerc ist sehr klein, blond, etwas mager, aber schön. Sie ist eine große Pianistin, die die Konzerte und den öffentlichen Ruhm verschmäht und ihre getreue, tiefgehende, von billigen Effekten freie Interpretation der Meister einem Zirkel von Künstlern vorbehält, die sie bewundern. Sie bewohnt ein schönes, lichtdurchflutetes Appartement am Boulevard Berthier, kleidet sich gemäß den Ansprüchen eines höheren Geschmacks und schützt ihre Hände durch Handschuhe, weil sie selbst ihren Haushalt macht (mit Dienstmädchen verliert sie ihre Geduld: «Meine Teure, ich muß gestehen, daß Sie nicht wissen etc. ...») Sie erzieht ihren Sohn wie einen ihr Ebenbürtigen, behandelt ihn mit 10 Jahren wie einen Mann, verlangt, daß er zu telefonieren und sich auf Reisen um das Gepäck zu kümmern versteht: «Mit 16 wird er allein nach England fahren.» Ihr Gatte, Professor an der Sorbonne, führt sein Leben und sie das ihre: «Es steht dir frei, mich zu betrügen, wenn es dich nicht anwidert, diese Frauen zu besitzen; ich beanspruche legitimerweise das gleiche für mich, weise dich aber darauf hin, daß ich keinen Gebrauch davon machen werde: all diese Individuen sind mir zu abstoßend.»

Sie lebt umgeben von den Photographien ihrer Lieblingsgemälde, den Blumen, die sie jede einzeln sorgfältig ausgewählt hat, sieht ihren Gatten und ihr Kind nur zu bestimmten Stunden. Halten Sie das bei ihr nicht für Geziertheit. Nein, das ist ihre Natur. Sie ist von Natur kostbar, raffiniert, umhegt. Yvonne Leclerc ist wie ein kränkelnder Heranwachsender. Sie beklagt sich, greift zu Drogen, was sie nicht hindert, sehr spät schlafen zu gehen und sehr früh aufzustehen. Ich glaube, daß sie sehr lange leben wird, eine verkniffene Alte, nicht sehr gutherzig und sehr rührig. Sie sagte, sie würde sich gern um philanthropische Einrichtungen kümmern, wenn sie die Armen nicht so anwiderten: «Sie sind nicht besser als wir, sie sind verlogen, demütig und grob. Im übrigen habe ich nicht die Kraft, nach draußen zu wirken.» Sie würde sich gerne zu einer großen Frömmigkeit bekehren, denn die Rituale des Gottesdienstes ziehen sie an: «Ah! Diese Kinderstimmen sind köstlich!»

Aber der Geruch der Kirchen macht sie krank:

«Ich bin gewiß, daß es große Heilige gegeben hat, die mir ähnlich waren!» Und dabei lacht sie.

Die Damen von Anfang April haben mehr Feuer. Sie haben ein Ziel, eine Mission, eine unermüdliche Geschäftigkeit. Ich habe unter ihnen eine berühmte Feministin gekannt, ein Organisationstalent und stolz auf ihre Erfolge. Sie legte Gewicht auf die Liebe und hat nach mehreren Scheidungen schließlich den ihr genehmen Gatten gefunden. Sie ist sehr glücklich, luxusliebend, reich, aber ohne Prunk: eine gute Kameradin.

STIER

21. April bis 21. Mai
Erste Wohnung der Venus
Dreiheit der «Erde»

ANALOGIEN

Das Rind, der Kürbis, die Linse, der Kohl, die Saubohne, die Rübe, die Banane, die Pfingstrose, der Flieder, die Levkoje, die Glyzine, das Stiefmütterchen, die Erdbeere.
Die gepflügten Äcker, die Freudenhäuser, die Kinnladen und der Hals. Das Joch.

STEINE: der Smaragd, der Beryll.

METALL: das Messing.

FARBEN: (pastos und leuchtend): Kobaltblau, tiefroter Krapplack.

GESCHMACK: fett und süß.

DÜFTE: (schwer und sinnlich): Nachthyazinthe, Kakao, Vanille.

KLANG: das Kornett und das Fagott.

PERSÖNLICHKEITEN: Balzac, Delacroix, Carpeaux, Massenet, Catulle Mendès, Alphonse Daudet, Jules Lemaître, Marcel Prévost, Henri Pourrat, Saint-Georges de Bouhélier, Henri Barbusse, Kierkegaard.

DER STIER LIEBT den Skorpion,
steht in Einklang mit der Jungfrau und dem Steinbock, verträgt sich mit dem Krebs und den Fischen, liebt nicht den Löwen und den Wassermann, verträgt sich nicht mit dem Widder, dem Schützen, den Zwillingen und der Waage.

EMBLEM: «Ein pflügender Bauer mit gebeugtem Rücken inmitten von Blumen» (die schwere Arbeit und die Routine, die Sicherheit verbürgen und bewahren).
Der Fortpflanzungstrieb und alle materialistischen Triebe (das Kleinhirn oder Stammhirn). Die physischen oder moralischen Grobheiten. Gewalt und Konzentration. Die Geduldsarbeit. Verwaltung und Verwirklichung.

QUALITÄTEN: Ausdauer, Zähigkeit, Umsicht.

SCHWÄCHEN: Grobschlächtigkeit, Argwohn, prosaischer Geist.

Leibverhaftete verschlossene Natur, erwärmt sich und entscheidet sich nur sehr langsam, schwer zugänglich oder undankbar. Tiefer instinktiver Argwohn. Oft innerer Reichtum, aber immer eine unsympathische Schale.

Eine Art Angst und Unbestimmtheit gegenüber der Umwelt rührt eben von diesem langsamen Aufnehmen, das entweder an Herz und Verstand zweifeln oder die Geduld verlieren läßt.

Die Intelligenz ist nicht mittelmäßig, aber das Durchdenken mühsam. Der Stiermensch wird nur langsam und schwer einer Sache gewahr, danach aber ist er zur energischen Durchführung und Vertiefung fähig. Ein in sich gesammelter, zurückhaltender und griesgrämiger Geist, der Mühe hat, seine Vorstellungen denen der anderen anzupassen.

Zentripetale Kraft: an sich ziehen durch Annäherung an ein Zentrum. Soviel wie möglich in den Kreis bannen und so wenig wie möglich entweichen lassen. Der Stiertyp ist sowenig verschwenderisch wie er red- und gefühlsselig ist.

Langsam, behutsam vorgehen, um sicher zum Resultat zu gelangen. Ängstlichkeit und Konzentration; Behutsamkeit im Nachdenken über das Gut des anderen und das Mittel, seiner habhaft zu werden.

Der Stiermensch ist dickköpfig, hartnäckig, ausdauernd, hängt an seinen Gefühlen, ist schwer zu überzeugen oder abzuschrecken. Er bedarf stets eines Anstoßes, eines Ansporns, um sich in Bewegung zu setzen und Partei zu ergreifen. Wenn er seinen Ansatzpunkt gefunden hat, ist er imstande, die Welt aus den Angeln zu heben.
Schwerfälligkeit und Bauernschläue. Manchmal allerdings bedrückende Unbeholfenheit. Bei Schicksalsschlägen bezeugt er sein Mitgefühl durch ein grobes, mitleidiges Lachen.
Den Stiertypen fehlt es an Beweglichkeit wegen ihrer übermäßigen Trägheit und ihres prosaischen Geistes, dennoch ist ihre ganz und gar erdgebundene Phantasie sehr lebhaft. Ist der Betreffende erst einmal auf das richtige Geleise gesetzt, ist er zur energischen, gründlichen Durchführung fähig.
Stolz, eine hohe Meinung von sich selbst; unter der Maske des Opportunismus oder der Biederkeit sind sie sehr ehrgeizig. Geldgier. Begabt zur Verwaltung und zur Durchführung weitgespannter Unternehmungen. Sie sind praktisch, aber ohne Kleinlichkeit, sogar zur Großzügigkeit geneigt, wenn man sie nicht erbost oder wenn ihr unmittelbares Interesse nicht im Spiel ist.

Friedliche, doch für Gewalt anfällige Naturen, deren Explosionen Schrecken verbreiten. Sie sind ausschweifend und gierig. Die Stiertypen sind zweifach verriegelt; ihnen kommt man nur durch Einbruch bei.

DIE STIERFRAU ist Aphrodite, die ursprüngliche Schönheit wie sie den Wellen entsteigt, mit Veilchen im Haar und im Olymp wie auf Erden die Bewunderung aller erweckend. Ebenso ist sie der Zankapfel und Anlaß zu endlosen Liebeshändeln. Sie ist aber auch Helena und der spartanische (sic!) Krieg, oder auch Sappho. Die Stierfrau ist sinnlich, geheimnisvoll, manchmal rachsüchtig, immer zwischen der Leidenschaft und der Liebe hin- und hergerissen, die sie ohne Unterlaß erweckt.

KÖRPERLICHE KRANKHEITEN: Krankheiten des Halses, der Venen, des Blutkreislaufs. Anginen, der Kropf. Gewebskrankheiten. Stauungen. Phlebitis. Fortbestand des Botalschen Lochs (Vermischung des arteriellen und des venösen Blutes).

MORALISCHE KRANKHEITEN: Mangelnde Beweglichkeit.

Trägheit. Kleine Statur, massive Gestalt, gedrungen und breit. Dicke, vorstehende gierige Lippen: Negerlippen. Breite Schultern. Fleischiger Rücken, feister Nacken, breiter Bauch. Der Hinterkopf ist entwickelt. Große, etwas kuhähnliche Augen. Breite Stirn. Rauhe Stimme, zumal in der Brunst. Schwerfälliger Gang.
Ihre Kraft sitzt im Nacken: die Hartnäckigkeit.

Das LIVRE D'ARCANDAM sagt:
»Er wird beim Pflügen und beim Säen Glück haben, und das gleiche gilt für alles, was weiblichen Geschlechts ist, seien es Vögel, Schafe oder Mädchen. Dieses Sternzeichen ist vom Glück begünstigt in allen Dingen, die ausgestellt und gezeigt werden können, die zum Schmuck der Frauen und zum Vergnügen der Leute dienen.
Er wird lüstern, robust und stark sein und mit mächtigen Dingen umgehen. Er wird ein Mal am Zeugungsglied oder an den Hüften oder an der Scham besitzen. Er soll die Gifte, Geschwüre und Entzündungen, die den Hals befallen, tunlichst meiden, denn sie werden ihn vor allen anderen Krankheiten quälen. Er wird für Husten anfällig sein und seine Galle wird ihn plagen. Er wird allein in der Fremde, nackt und bloß ster-

ben. Die Frau wird ein feines Gehör haben, fleißig und sorgfältig sein und bei ihrem Tun und Lassen stets murren. Sie wird eine Schmach erleiden, weil sie in ihrer Jugend hurenhaft war.»

ERSTE DEKADE: 21.April bis 1.Mai
Krebs, Merkur, Stier.
Arbeitet für die Zukunft im Guten wie im Schlechten. Melancholie. Beklagt sich über seine Freunde und seine Nächsten. Arbeitet unentwegt, beklagt dabei sich selbst und beruft sich auf die Fatalität. Verteidigung der eigenen Interessen.
Freundlich, doch wenn man seinen wahren Charakter zeigt, wird er bissig. Mit Worten redlicher als mit Taten. Senkt den Kopf in Erwartung des Jochs. Ehrt die Arbeiter.

ZWEITE DEKADE: 1.Mai bis 11.Mai
Löwe, Mond, Stier.
Hindernisse, Hemmnisse, Klippen, Verzögerungen, Unentschiedenheit. Scheitern in den Unternehmungen wegen mangelnder Ausdauer. Legen Wert auf und unterstützten alles Reaktionäre. Sie lachen gern und oft und sind sehr von sich selbst überzeugt. Mal an den Geschlechtsteilen.

DRITTE DEKADE: 11.Mai bis 21.Mai
Jungfrau, Saturn, Stier.
Ausgesprochene Einzelgänger in Geschäften. Mögen nicht beraten werden, vertrauen niemandem. Unbeständig. Bissige Spötter. Unangenehme Stimme. Plötzliche Zornesanwandlungen, die sich gleich wieder mit einem Menschenfresserlächeln legen. Der «düstere Mann mit Herz». Glücklich mit den Frauen und allem Weiblichem. Plumpe Schmeicheleien. Sie sind sehr von sich selbst überzeugt, aber gutmütig aus Schüchternheit und Selbstkontrolle. Von den anderen beneidet und getadelt. Sie sind Außenseiter.

SÄTZE DES TAROT, die den Dekaden des Stiers entsprechen:

Erste Dekade: 21.April bis 1.Mai
«Ritter der Stäbe».
Anstrengungen, um die Lage zu klären.

Zweite Dekade: 1.Mai bis 11.Mai
«VI der Stäbe».
Hindernisse und Stocken in den Unternehmungen infolge von Unentschiedenheit.

Dritte Dekade: 11.Mai bis 21.Mai
«VI der Schwerter».
Kämpft zwischen den Leidenschaften und dem Gewissen. Mangel an Entscheidungskraft, Festigkeit und Mut.

DIE DAMEN IM ZEICHEN
DES STIERS

Erste Dekade.
«War ich mit zwanzig wirklich so sinnlich, Monsieur? Ein Mann schlang mich um seinen Bauch wie einen Gürtel!»
Die Dame, die so zu mir sprach, war schon vor dem Alter recht gebeugt, sehr üppig (sie sagt: sinnlich), sehr würdig; sie war eine bewundernswerte Köchin, schimpfte die Kinder aus und brummte den ganzen Tag vor sich hin. Arlette! Sie heißt immer noch Arlette. Dieser Name paßte früher gut zu ihr, als sie das Theater im Kopf hatte: «Sie wären eine Zofe in einem Stück von Marivaux», sagte ich ihr damals. Tatsächlich schien sie eine Rolle zu spielen, in der es um Liebeshändel ginge, um Briefe, die es unter den

Augen eines Eifersüchtigen durchzuschmuggeln galt, etc. Doch erinnere ich mich auch, daß sie gern von der Zeit sprach, wo sie bloß auf dem Land lebte und wo sie von der Erde sprach: Sie sagte, sie sei eine Frau der Natur, gerne hätte sie die Erde gemeinsam mit dem geliebten Mann pflügen wollen: «Ja, ich habe das gefühlt! Die Füße auf dem Boden! Aber ich war zu ängstlich, ich machte mir Vorhaltungen. Man liebte mich zu sehr wegen meiner geistigen Gaben: was bleibt von alledem? Was für Illusionen. Wie arm ich doch innerlich bin. Das hat das Pendel auf die Seite des Schillernden, der hochmütigen und trügerischen Städte ausschlagen lassen. Ich bin eine unabhängige Frau, ich scheine subtil, über alles erhaben, vergnügt und dabei bin ich tiefsinnig. Ja, ich war boshaft!... ich war zu egoistisch, meiner selbst zu sicher, zu kokett... um schließlich und endlich für meine Kinder das Essen zu machen!... Ich bin mit meinem ersten Liebhaber, einem Landwirtschaftslehrer, durchgebrannt: er spielte Geige... Ich habe meinen Onkel verlassen. Aber vielleicht gibt es im Leben eine Zeit für die Sühne. Man kriegt alle Männer, die man nur möchte, solange man schlank ist und sich befummeln läßt! Ich war ein Glücksbringer, und die drei Männer, die ich hatte, sind zu Vermögen gekommen: Sie schätzten mich sehr! Jetzt gibt es für einen so wenig Gelegenheit, die festliche Garderobe hervorzuholen; das Konzert, die Oper einmal im Jahr. Ich war bläßlich und fein; jetzt stochere ich im Herd herum..., ich schneide die Vesperschnitten der Kinder... wenn sie bloß vernünftig wären... wäre ich nur nicht so gewissenhaft, so zaudernd gewesen... und dann ist da auch noch mein erster Gatte; ach, er war nicht sehr beschlagen! Ich habe ihm zu seinem Vermögen verholfen und er hat mich fallenlassen!»

Zweite Dekade.
Noch eine von der Liebe Enttäuschte! Enttäuscht und immer wieder bezaubert. Welche gute Mutter wäre sie geworden, wenn ein überfließendes Herz sie nicht geleitet und schlecht geleitet hätte! Sie hat schließlich da geendet, wo sie hätte anfangen sollen: sie führt ein Vorstadtrestaurant und lacht mit den Maurern, die dort verkehren. Dabei fehlt es ihr nicht an Argwohn, sie entscheidet sich nur langsam, in der Liebe wie in allen Dingen: sie überlegt es sich, einen neuen Liebhaber zu wählen, bezieht ihren Standpunkt, stellt methodisch ihre Bedingungen, sie überlegt, grübelt im Stillen ihrer ruhigen und starken Leidenschaft nach; sie

weicht zurück, zieht sich auf sich selbst zurück und trotz ihrer scheinbaren Gutmütigkeit mißtraut sie den drängenden Bitten des Freiers, mißtraut sie ihrem eigenen Geschmack. Glauben Sie nur nicht, daß sie mit der Moral kämpft. Nein, die Liebe ist ein Geschäft, ein sehr wichtiges Geschäft, und in Geschäften ist sie sehr bedächtig. Sie läßt sich nie mitreißen: «Nun gut, ich werde es Ihnen sagen, wenn ich mich entschlossen habe. Ich schätze Sie durchaus, habe sogar freundschaftliche Gefühle für Sie; aber ich war so lange mit Alfred zusammen; er würde mich verachten ... Allerdings möchte ich auch Ihnen keinen Kummer bereiten.» Lassen Sie ihr Zeit, sich an den Gedanken zu gewöhnen, daß sie Alfred verlassen wird; oder finden Sie ein logisches Argument, für Logik ist sie sehr empfänglich; sprechen Sie zu ihr von der Fatalität, sie ist fatalistisch. Sie geht die Existenz so an, wie man das Schicksal annimmt, welches ihr, der Hartnäckigen, wie ein Abbild ihrer selbst erscheint! Trauen Sie ihrer Gelassenheit nicht. Diese schöne Person mit ihren starren Augen, die verschlafen in ihrem frischen Leib scheint, ist zu heftigen Gewaltausbrüchen fähig. Wenn Sie an ihre Bequemlichkeit, an ihre konservativen Ideen gerührt haben, verstummt sie schmollend, wenn Sie aber in der gleichen Richtung fortfahren, haben Sie plötzlich einen Vulkan vor sich. Bleiben Sie dann gelassen, denn wenn Sie sie reizen, wird sie vor Schlägen nicht zurückschrecken und ... sie ist stark, diese Dame mit den breiten Schultern und dem kräftigen Nacken! Glauben Sie andererseits nicht, sie sei egoistisch (Ja, ich weiß ... die Liebe ist nur ein Egoismus zu zweit): sie ist sehr hilfsbereit, wohlwollend, sogar barmherzig, sie sagt durchaus keine Bosheiten! Glauben Sie auch nicht, sie sei ausschließlich materialistisch und tatsachengläubig. Nein, sie liebt die Poesie, die Träumerei, die Musik, sie versteht sich auf Beobachtung und Reflexion, sie ist ein schaffender und organisierender Geist. Sie ist eine Lebedame. Welch eine Freude für sie, mit dem Glas in der Hand zu lachen, Bonmots zu hören und selbst welche zu verstreuen. Nach dem Abendessen spielt man mit Freunden eine Partie Karten, und im Spiel können Sie sich ein Urteil über sie machen: sie ist eine gute Verliererin, sie beklagt sich nicht, wenn sie verliert, zeigt überschwengliche Freude, wenn sie gewinnt und leiht oder schenkt einem Verlierer ohne weiteres eine von ihm benötigte Summe. Doch wenn man darauf zu sprechen kommt, eine gemeinsame Kasse zu organisieren, ist sie entzückt, denn trotz aller

Großzügigkeit gefällt ihr doch nichts so sehr wie ökonomische Ideen.

Dritte Dekade
Hier ist das Porträt meine Freundin Frédérique, die meiner Meinung nach ein vollendetes Muster der dritten Dekade des Stiers darstellt:
Wie alle Stierdamen hat sie einen kräftigen, nach vorn ragenden Nacken; sie liebt ihn zu entblößen und zu schmücken, aber sie ist knochiger als die beiden anderen Damen, sie hat weder die schelmische Nase der ersten Dekade noch die sinnliche Nase der zweiten; sie hat nicht die Arbeiterinnenhände der Limonadenverkäuferin aus der Vorstadt, die ich eben beschrieben habe; sie hat eine schmale Adlernase und trockene Hände mit Nadelstichen an den Fingerkuppen; sie kleidet sich aufwendig, aber ohne Anmut. Ihre Stimme ist schrill, sie hebt sie in ihren ewigen Demonstrationen und Streitereien. Wenn sie schweigt, ist sie mit sich selbst im Streit, wobei sie versucht, theoretisch ihre Leidenschaften und die Richtung ihres Lebens zu rechtfertigen: «Wer hat schließlich mit dem Ehebruch begonnen? Das war Henri! Von dem Augenblick an hat jeder für sich die Macht über seinen eigenen Körper...» Die Liebe ist auch wie bei ihren Geburtsgenos-

sinnen die Hauptsache in ihrem Leben. Leider bringt ihr die Liebe Scheidungen, Witwentum und Kummer: ihre Liebhaber befriedigen sie nicht: sie beklagt sich darüber bei jedem, der es hören will, sie begegnet skrupellosen Männern, die ihr, nicht ohne Mühe, Geld abzapfen. Sie ist knauserig, strengt Prozesse gegen sie an, verliert ihre Prozesse, versucht ihr Geld durch finanzielle Manöver wieder hereinzuholen und nähert sich nur noch mehr dem Ruin. Welche Vorwürfe es dann gibt, und wie sollte sie von Männern geliebt werden, deren Gefühlswallungen sie durch boshafte Rechenschaftsberichte unterbricht? Oh, nicht etwa, daß sie ihren schlechten Charakter nicht durchschauen würde: nur zu gern wäre sie anmutig, gut, lustig, aber statt den anderen ein Lächeln zu entlocken, erschreckt sie sie durch ihre schnarrende Stimme: sie möchte zärtlich sein und läßt nur ihre sexuellen Gelüste zum Vorschein kommen. Ihr Leben ist ein Kampf zwischen ihren Liebschaften, die sie zur kostspieligsten und ungeschicktesten Koketterie anstacheln (denn sie weiß, daß sie nicht schön ist und daß sie Schmuck nötig hat) und ihrem Geiz. Sie trägt ein kleines Vermögen an Kleidern und Schmuck mit sich herum, und schöne Gegenstände hat sie bei sich zu Hause, um ihr Interieur angenehm erscheinen zu lassen, aber weder der Luxus noch die Kosmetik können ihren Mangel an sympathischer Ausstrahlung wettmachen. Als Millionärin wäre sie immer noch arm.

ZWILLINGE

21. Mai bis 21. Juni
Erste Wohnung des Merkur
Dreiheit der «Luft»

ANALOGIEN

Der Dachs, der Marder, die Amsel, der Eichelhäher, die Spinne, die Wespe.
Der Anis, die Berberitze, der Wacholder, der Holunder, das Maiglöckchen.
Die Rummelplätze, die fremden Gewürze, die schimmernden Lichter.
Der Handel.
Die Akrobaten, die Flieger, die Straßenverkäufer.

STEINE: der Chalzedon, der Karneol, die gelbgestreiften Steine.

METALLE: das Quecksilber, die Amalgame.

FARBEN: (stechend und hell): die Mosaiken.

GESCHMACK: säuerlich.

DUFT: der Moschus.

KLANG: Flöte, Oboe, Klarinette.

PERSÖNLICHKEITEN: Edmond de Goncourt, Gérard de Nerval, Grieg, Gounod, André Derain, Paul Reboux, Jean Galmont, Bouisson.

DIE ZWILLINGE LIEBEN den Schützen, stehen in Einklang mit der Waage und dem Wassermann, vertragen sich mit dem Widder und dem Löwen, lieben nicht die Jungfrau und die Fische, vertragen sich nicht mit dem Stier, dem Steinbock, dem Krebs und dem Skorpion.

EMBLEM: «Eine Blumen und Schleifen bindende Frau» (Spiritualität und Lebensart).
Der Zwillingstyp sieht stets beide Seiten einer Frage, wechselt ständig von einer zur anderen und entschließt sich nur schwer. Wenn er sich entscheidet, begnügt er sich, etwas anzureißen, selten und stets widerwillig führt er eine Unternehmung zu Ende.
Kastor und Pollux: der eine hält die Leier des Apollon, der andere die Keule des Herkules. Symbole des intellektuellen Vermögens und der Tatkraft.

ZWILLINGE

Die Persönlichkeit der unter Merkurs Einfluß stehenden Menschen – ob Zwillinge oder Jungfrau – ist sehr schwer zu fassen, weil diese stets von einer Idee, einem Ereignis oder einem Individuum bedingt ist, denen sie sich angleichen und die sie zeitweilig widerspiegeln. Man bemerkt an ihnen eine große Vielfalt an Persönlichkeitsfacetten, die zwanglos ineinander übergehen, aber nur äußerst selten eine ihnen eigentümliche Individualität erkennen lassen.

QUALITÄTEN: Phantasie, Gewandtheit, Feinsinn.

SCHWÄCHEN: Schamlosigkeit, Zynismus, Durchtriebenheit.

Ein Doppelwesen, lebhaft und feinsinnig, das sich schnell anpaßt und in jeder Tätigkeit Erfolg hat, die eine rasche Ausführung und Geschick erfordert.
Die Intelligenz scheint weitgespannt, verfügt aber vor allem über eine bemerkenswerte Plastizität, die ein müheloses Anpassen erlaubt.
Das Anverwandeln ist vielfältig, aber in den meisten Fällen oberflächlich. Es betrifft nur die Logik und die Tatsachen, vorzugsweise die Ge-

fühle. Das Gefühlsleben ist dürftig. Sie lieben und bewundern mit dem Gehirn, ohne «Gitarre» und ohne «Pedal».

Launisch. Mangel an Konzentration und Standfestigkeit. Neigen zur Zerstreuung.

Unermüdliches Tätig-Sein, das eher Umtriebigkeit ist. Sie ahnen die Dinge mehr als daß sie sie erfahren. Unbedingtes, oft unerträgliches Selbstbewußtsein. Ihnen fehlt es nicht an Chuzpe. Gabe des Wortes und der Gesten. Viel überflüssige Gesten.

Sie bewegen besser Massen als Einzelne.

Komödiantisch und durchtrieben. Bedürfnis, aufzufallen. Prahlerisch. Der Straßenverkäufer, der Roßtäuscher, der Abteilungsleiter, der Abgeordnete. Entschieden und unerbittlich.

Redegewandtheit, wie sie in Wirtshäusern und auf öffentlichen Versammlungen üblich ist.

Dauernde Verstellung. Sinn für Ausgelassenheit, das Burleske, für Scherze. Häufig vulgär, mangelndes Taktgefühl, ja Zynismus.

Die *Schamlosigkeit*.

Rascher Gang, «lieben kurze Wege», Behendigkeit.

Egoistisch und praktisch ohne es scheinen zu wollen, aber kühn, Lust am Risiko. Sie lieben den «launigen Einfall» (ihr sympathischer Zug).

ZWILLINGE

Sie genießen fast ausschließlich mit den Sinnen. Große Trinker. Lüstern.

Hassen jede monotone Arbeit. Stets auf der Suche nach neuen Eindrücken. Viele gleichzeitige Vorhaben, die sie aufgeben, noch bevor sie zu Ende geführt sind.

Sie wissen aus allem das Beste zu machen.

Schwer zu bändigen. Am häufigsten bekommt man sie bei ihrem Ehrgefühl und ihrer Eitelkeit zu fassen.

Ihr Werturteil über Personen und Sachen ist rein kaufmännisch.

Verstehen sich mit den Autoritäten.

DIE ZWILLINGSFRAU ist gewandt, feinsinnig, etwas androgyn, sehr lebhaft und sehr beweglich in ihrer Haltung wie in ihren Reaktionen. Sie paßt sich bewundernswert den verschiedensten Männern an, ebenso wie den schlüpfrigsten Umständen. Sie hat großes Taktgefühl und die Gabe, rasch etwas anzutupfen, ohne je lästig zu fallen. Sie ist leicht zu führen, aber ohne selbst beteiligt zu scheinen, ist sie es, die einen führt, wohin sie will.

KÖRPERLICHE KRANKHEITEN: Die Lungen in Verbindung mit Tuberkulose, Schlaganfälle,

Raserei, Blutgefäßriß, Schwindelanfälle, Migräne. Dem Wahnsinn ähnlich leichte Anfälligkeit des Gehirns.

MORALISCHE KRANKHEITEN: Plötzliche Torheiten, launige Entschlüsse, »In-Harnisch-Geraten«, Spitzfindigkeiten für andere und für sich.

Flämisches Inkarnat, rosig und golden. Selten mager; die Formen der Brust sind butterweich, der Ausdruck verliert sich im Fleisch (Rubens, Jordaens). Die Augen sind listig und sehr beweglich. Der Blick ist nicht ohne Frische. Häßlicher Zug: die Aufgedunsenheit. Die Gestik ist rhythmisch und leicht und entwickelt sich zwanglos. Die Stimme ist spöttisch.
Ihre Kraft liegt in ihrer Lebhaftigkeit und ihre Gewandtheit in dieser Lebhaftigkeit.

Das LIVRE D'ARCANDAM sagt:
«Er wird kühn sein, auch in Gegenwart des Fürsten, so daß er vor niemandem weichen kann. Flüche gehen ihm leicht von den Lippen, und er wird nicht reden ohne zu fluchen.
Er wird leicht argwöhnen, derart daß er nichts ohne Hintergedanken sagt: er wird viele Lügen

und Torheiten von sich geben: er wird ein großer Säufer und Lüstling sein.

Darüber hinaus wird er zu heftigen Wutausbrüchen neigen und Zank und Streit mit seinen Mitmenschen haben, weil er von jähzornigem Charakter ist. Wegen des erwähnten Jähzorns wird man ihn bedrohen und tadeln, nichtsdestotrotz wird er allen nützlich und guten Willens sein.»

ERSTE DEKADE: 21.Mai bis 31.Mai
Waage, Jupiter, Zwillinge.
Die Füße im Fettnäpfchen und die Hände in den Taschen mit schallendem Gelächter.

ZWEITE DEKADE: 31.Mai bis 11.Juni
Skorpion, Mars, Zwillinge.
Die Skeptiker. Die «Freigeister», die «Apotheker». Die Enkel Voltaires. Angriffslustig und spöttisch. Argumente ad hominem.
Mag bei anderen nicht die Überlegenheit anerkennen, die ihm mangelt, und rächt sich dafür mit Bonmots.
Sie vernichten durch Lächerlichkeit und Witz.
Sie ziehen sich mit Pirouetten aus jeder Lage.

DRITTE DEKADE: 11. Juni bis 21. Juni
Schütze, Sonne, Zwillinge.
Autoritär, gebieterisch. Duldet nicht, daß man ihm widersteht. Neigt zu kalter Wut. Plötzliche Blässe, dann plötzliche Röte mit blutunterlaufenen Augen. Flucht leicht; kräftige Stimme. Brodelndes Gemüt. Raserei oder wahnsinnige Leidenschaft mit etwa fünfzehn Jahren.

SÄTZE DES TAROT, die den *Dekaden der Zwillinge* entsprechen:

Erste Dekade: 21. Mai bis 31. Mai
«Bube der Stäbe»
Schlechte Starts. Schlechter Gebrauch der Anlagen. Fruchtlose Unternehmungen.

Zweite Dekade: 31. Mai bis 11. Juni
«VII der Stäbe»
Triumphale Unternehmungen. Erfolge, Gewinne, zahlreiche Mittel, um Erfolg zu erlangen.

Dritte Dekade: 11. Juni bis 21. Juni
«VII der Schwerter»
Sieg inmitten der Gefahren. Gefahr der unvorhergesehenen Katastrophe und Verkehrung der Ausgangsstellung. Triumph trotz zahlreicher Kämpfe.

DIE DAMEN IM ZEICHEN
DER ZWILLINGE

Ich kenne drei Spielarten:
Jene vom 21. Mai bis 31. Mai sind Frettchen, klein, weiß, brünett, mit leichtem Fettansatz und goldbraun.
Jene vom 10. bis 21. Juni ähneln ihnen, allerdings mit einem Zug von Autorität, Härte, einem Glanz, der über ihren Charakter täuscht. Es sind große Damen.
Jene vom 1. bis zum 10. Juni sind groß und kräftig; sie haben die Züge zierlicher Gesichter.
Alle drei verstehen es zuzuhören, was sie von der Gesellschaft isoliert. Alle drei sind nachdenklich, was ihnen trotz ihres liebenswürdigen Lächelns ein melancholisches Aussehen gibt. Ihr nicht sehr tiefschürfendes Nachdenken dient ihnen zu wenig anderem als sich Klarheit über die Situationen zu verschaffen, keine Patzer zu machen, die Umstände für ihre Genüsse oder ihre Interessen auszunutzen. Manchmal sind es auch gewandte und kluge Künstler: schwierige Musik oder Mathematik stehen ihnen gut an. Das Intrigieren auch. Haben Sie in ihrer Umgebung eine Klavierlehrerin, die im ganzen Haus willkom-

men ist, von vorzüglicher Diskretion, über alle Ihre Geschäfte auf dem Laufenden ist, ohne je darüber zu sprechen, von den Hunden, Katzen, Kindern und auch von Ihnen geliebt wird? Dann ist es eine Zwillingsdame. Sie ist genau dann da, wenn man sie braucht, sie geht, bevor sie lästig fallen könnte. Diese Dame ist korrekt und nicht ohne Anmut gekleidet. Wenn Sie ihr wegen ihres Mantels ein Kompliment machen, erfahren Sie, daß sie ihn in einem Laden mit herabgesetzter Ware fast umsonst bekommen hat. Sie hat sich ihre hübschen Schuhe von einem Schuhhändler schenken lassen, dem sie eine gute Kundin verschafft hat. Ihren Hut schließlich hat sie sich nach einem Geschäft geleistet, bei dem sie das Louis XIII-Büfett der Frau X gegen ein Gemälde der Frau Z getauscht hat. Sie hat 20 Prozent für die Kommission bekommen. Die Zwillingsdame hat immer jemandem einen Posten zuzuschanzen, auf eine gute Gelegenheit aufmerksam zu machen, eine Gefälligkeit zu erweisen oder darum zu bitten. Und alles mit soviel Natürlichkeit, soviel Anmut, daß keiner Erstaunen zeigt. Gewiß, sie wird nie reich werden, aber sie «kommt sehr gut zurecht» wie sie selbst sagt, und hält sich dabei in dieser luftigen Atmosphäre, die ihr Element ist. Diese Damen geben ausgezeichnete

Maklerinnen ab. Sie bringen es oft zur Pensionsleiterin, und diese Rolle gefällt ihnen so sehr! Sie brauchen Menschen um sich, Menschen um jeden Preis. Sie brauchen Freundinnen, zarte Vertraulichkeiten, Anlässe zu klugen Ratschlägen:

«Wenn ich Sie wäre, meine Hübsche, würde ich folgendes tun, ich schriebe ihm einen kleinen Brief, als sei gar nichts geschehen ... und dann ... etc.»

Die Damen der zweiten Dekade (1. bis 10. Juni) sind stürmischer. Ideen kommen ihnen in solchen Massen, daß sie Migräne, Neurasthenie und heftige Gereiztheit verursachen. Dann ... Wutausbrüche ... gefolgt von sublimen Versöhnungen, verzeihenden Gesten, die sie mit einem Lächeln oder einem dieser zugespitzten Blicke erlangt haben, wie sie nur den Zwillingsdamen eigen sind. Sie lieben den Zirkus, das schallende Gelächter, die derben Späße, obgleich sie dabei ihr elegantes Auftreten und ihren erlesenen Geschmack bewahren. Man weiß nie so recht, wie sie im nächsten Augenblick gelaunt sein werden, noch wie man sie anzufassen hat. Die gehobene Unterhaltung interessiert sie und die großen Männer ... doch sollte man auf den Gedanken verfallen, eine moralische Frage zu diskutieren, werden sie in Gelächter ausbrechen: «Ach ja, die Moral! ... Wenn man nur mit sich im reinen ist und im übrigen seinen Spaß hat ...» Und eines schönen Tages, sagen Sie Ihnen ins Gesicht, daß sie Sie nicht mehr sehen wollen, daß man tödlich langweilig sei. Zwei Tage später kommen sie zu Ihnen zu Besuch, sehr erstaunt über Ihr Fernbleiben und sprechen von Ihren «Marotten». Sie sind fähig, ihren Gatten oder ihre Liebhaber zu betrügen und sich überrascht zu zeigen, wenn sie es übelnehmen.

Die Damen der dritten Dekade sind gutherzig hinter ihrem schroffen Äußeren. Sie sind sehr umschwärmt, lieben Komplimente, beteuern aber ihr schlichtes Wesen. Sie sind sehr rührig, ja arbeitsam, unabhängig, nachsichtig und gestehen anderen deren Unabhängigkeit zu, sofern man sich ihnen nicht widersetzt. Ungehorsam ist ein Makel, den sie nicht verzeihen. Kurz, der ungehorsame Gärtner wird ohne Begründungen entlassen. Ihre Jugend ist glänzend, sie haben Erfolge, Genüsse gehabt und sind zu Reichtum gekommen. Im reiferen Alter lassen sie geschickt das ihnen verbliebene Geld gewinnbringend arbeiten und regieren mit sanfter Hand über ihre letzten Getreuen. Viele sind fromm und philosophisch, was bei den Damen der beiden anderen

Dekaden selten ist. Sie gestehen ihre Neigung zum Frohsinn und zur Begeisterung nicht ein; sie bereuen ihre Scherze, ihre Wutanfälle, ihr plötzliches und fieberhaftes Schwatzen.

KREBS

21. Juni bis 21. Juli
Wohnung des Mondes
Dreiheit des «Wassers»

ANALOGIEN

Die Katze, der Fischotter, die Qualle, die Fische, die Muscheln, die Seerose, die Ackerwinde, die Herbstzeitlose, die Binse, der Haselbusch, das Schilf, die Hechte, die Lianen, der Mairitterling, die weiße Rübe, der Kopfsalat, der Kampfer, die Mandelmilch, die Milch.
Die Teiche, die Flüsse, die Wolken, die Brise, der feuchte Beschlag, die Perle, das Perlmutt.
Die Spiegel.
Die Lymphe.

STEINE: der Jadeit, der Opal.

METALL: das Silber.

FARBEN: (blaß, durchscheinend): weiß, die Beige- und Grautöne, das blasse Grün.

GESCHMACK: wäßrig oder trist.

DUFT: die Pfefferminze.

KLANG: das Cembalo.

PERSÖNLICHKEITEN: Petrarca, La Fontaine, Jean-Jacques Rousseau, Dunoyer de Segonzac, André Lhote, Offenbach, Max Jacob, Jean Cocteau, Pirandello, Modigliani, Carco, Jacques Rivière, Marcel Arland, Radiguet, George Hugnet.

DER KREBS LIEBT den Steinbock,
steht in Einklang mit dem Skorpion und den Fischen, verträgt sich mit dem Stier und der Jungfrau, liebt nicht den Widder und die Waage, verträgt sich nicht mit dem Löwen, dem Schützen, den Zwillingen und dem Wassermann.

EMBLEM: «Ein fliehendes Kind, das Pfeile schleudert» (Allmacht der Gefühle, die das Gute wie das Schlechte fördern).
Der Krebs gibt die Ausdauer und Sirius (II. ♋) die Macht. Gedächtnis und Phantasie. Innere Festigkeit. «Fest in seinen Absichten, sagt Manilius, läßt er sich nicht leicht durchschauen.»

QUALITÄTEN: Sensibilität, Feinsinn, Phantasie.

SCHWÄCHEN: die Doppelzüngigkeit, die Lästersucht, der Neid.

Launische, wetterwendische, romantische Natur, die sich von jedem flüchtigen Eindruck beherrschen läßt.
Äußerste Feinfühligkeit für die Stimmung, den Grad an Sympathie oder Antipathie, den die Umgebung ausstrahlt; große Genauigkeit im Bestimmen dieser Wellenlänge. Mißtrauen und instinktive Zurückhaltung gegen Unbekannte.
Die Beweglichkeit, die Unbeständigkeit. Es sind Medien. Sie haben keine festumrissene Persönlichkeit. Vielmehr besitzen sie mehrere, die sie sich je nach Bedarf und Augenblick aneignen, aber die ihnen nie wirklich gehören.
Tief beeinflußbare Naturen. Unkontrollierte, übermäßige Beeindruckbarkeit. Eine empfindliche Platte, auf der alles gespiegelt wird. Passive, aufnehmende Naturen. Sie sind wechselhaft, launisch, flüchtig, ohne Konsistenz. Man bekommt sie nicht zu fassen. Sie erwecken ständig eine falsche Vorstellung, sowohl den anderen gegenüber als auch sich selbst gegenüber. Sie sind Dichter.
«Das Facettenauge». Sich dem Eindruck, der Empfindung des Augenblicks oder den Erinne-

rungen an Empfindungen überlassen, ohne sich jemals zu entschließen.

«Facettengeist», der in allen Lichtern funkelt. Er bringt mühelos täglich eine Idee hervor. (La Fontaine, Max Jacob, Cocteau, Rousseau, Pirandello, Proust, Keyserling). Umfassendes und subtiles Gedächtnis.

Ihr Standpunkt ist stets objektiv. Sie glänzen im Unterscheiden und anschließendem Fixieren alles Flüchtigen im Leben der Wesen und der Dinge. Sie werden magnetisch von allem angezogen, was «eine Strömung» darstellt. Sie hassen die Einsamkeit. Befriedigung darüber, von einem Wesen, einer Idee, einer Sache abhängig zu sein.

Der Charakter ist schwach, ohne sichtbaren Willen, aber starrköpfig, widerständig und zäh. Ein großes Beharrungsvermögen.

Neigung, sich zu quälen und die Schwierigkeiten zu übertreiben, indem er sich unnötige Sorgen macht.

Sinn für Tradition, für das Zuhause, für die Familie. Ausgeprägtes Gefühl für das Eigentum, den Besitz, für das, was ihm zusteht.

Gutes Herz (wenn er daran denkt), «mütterlich». Liebt das Wunderbare, den Wechsel. Vorliebe für die Arabeske.

Sie sind mit den Gedanken oft woanders.
Sie lachen selten und scheinen weit weg.
Die Krebsfrau ist unbeständig, launisch, romantisch. Sie dramatisiert leicht, steht nicht an, sich bald für eine Heldin, bald für eine Märtyrerin auszugeben. Sie ist sehr empfindsam und leicht zu beeindrucken, besitzt aber eine große «innere» Festigkeit. Sie entgeht stets der Herrschaft anderer, indem sie vorgibt, unter ihr zu stehen.

KÖRPERLICHE KRANKHEITEN: Erkrankungen des Magens, der Lunge und der Brüste. Alle nervlich bedingten Krankheiten. Asthma, Pleuresien, Pneumonien. Störungen der serösen Häute, des Binde- und Fettgewebes, der Schleimhäute. Organstasen.

MORALISCHE KRANKHEITEN: Fehlende Willenskraft. Auseinanderfallen der Persönlichkeit. Kurzschlüsse, Zerstreuung, Unordnung.

Helle Gesichtsfarbe, matt, blaß. Schlaffes Fleisch. Scheinbar muskulös, aber die Muskeln sind schwammig. Wenig oder kein Körperhaar. Kurze, fliehende Nase. Kinn nur angedeutet. Kleiner Mund, aber vorspringende Lippen, die aus innerer Haltung etwas schmollen. Die Stim-

me ist schwach, erstorben. Im allgemeinen sehr schöne Augen, die rund, klar vorstehend, aber ohne Ausdruck sind. Klare umherschweifende Augen. Der Blick ist erstaunt. Schlaffe Brustmuskulatur oder Brüste. Breite übermäßige Hüften. Bauchansatz. Van Loo'sche Formen. Langer Rumpf und kurze Beine.
Ihre Kraft liegt in der Beweglichkeit. Sie bieten keinen Angriffspunkt.

Das LIVRE D'ARCANDAM sagt:
«Obwohl von reizbarer Natur, verbirgt er so gut sein zorniges Temperament, daß es ihm keiner anmerkt, weshalb er beim Zuschlagen gefährlich ist.
Wegen seines höflichen Plauderns wird er von allen geschätzt, die mit ihm Umgang pflegen.
Im Wasser wird es ihm ungemächlich sein.
Die in diesem Zeichen Geborenen husten gewöhnlich und sind abgezehrt.»

ERSTE DEKADE: 21. Juni bis 1. Juli
Steinbock, Venus, Krebs.
Abgezehrt und mager. Erkennen sehr schnell die lächerlichen Seiten und lachen darüber. Plauderer, Erzähler, Regisseur. Er gefällt sich darin, geistvoll die Worte und Gesten anderer wieder-

zugeben. Neckisch. Läßt sich tadeln und fürchtet nicht, bestraft zu werden. Bringt seine Sätze nicht zu Ende und unterbricht Sie oft in Ihren Sätzen.

ZWEITE DEKADE: 1. Juli bis 11. Juli
Wassermann, Merkur, Krebs.
Gesten und Worte oft unbeabsichtigt. Sentimentaler und neugieriger Typ. Anmaßend, zappelig und spöttisch. Feierliche Ironie gegenüber reichen Leuten.

DRITTE DEKADE: 11. Juli bis 21. Juli
Fische, Mond, Krebs.
Sinn für das Okkulte. Lustig, freundlich, höflich bis zur Selbstaufopferung. Empfindlich und angriffslustig. Erzählt gern erstaunliche Dinge. Glücklich in seinem Elend; dunkle Siege. Krankhafte Empfindlichkeit. In seiner Rede verbirgt sich immer eine gewisse Bitterkeit. Sarkasmus. Schweigt aus Stolz. Lügner aus Stolz. Prahler. Haßt Phrasen. Sie sind kurzangebunden. Das Verfließen (Zeichen des Wassers) wird in der Lebensführung als ganzer offenbar; man läßt sich die Chancen entgehen. Sinn für das Neue, das Unerwartete.

SÄTZE DES TAROT, die den Dekaden des Krebses entsprechen:

Erste Dekade: 21. Juni bis 1. Juli
Kämpfe, Diskussionen, und unvollkommene Erfolge.

Zweite Dekade: 1. Juli bis 11. Juli
«Königin der Kelche».
Unterstützung und Wohlwollen in den Freundschaften. Glückliche Ehe.

Dritte Dekade: 11. Juli bis 21. Juli
«VIII der Schwerter».
Tiefe Not, Gefangenschaft. Todesurteil.
Unglückbringende Karte.

DIE DAMEN IM ZEICHEN DES KREBSES

Erste Dekade:
Diese so schwach und zart aussehende kleine Alte, die man für eine kleine, junge Bettlerin halten könnte, hatte doch eine Familie aus dem Großbürgertum. Aber ja! Sie gehört mit ihrem

Leben immer noch zur höheren Klasse. Wie denn, dieses arme Ding? Sie ist die Dame des Schlosses! Das Schloß gehört ihr nicht mehr, früher einmal ja; ihre Schwester hat es ihr weggenommen. Ihre Schwester liebt und schätzt sie, und dennoch hat sie sie bestohlen, dabei lächelnd, sie bewundernd, beschützend und ohne sie entbehren zu können. So ist der Krebs, zumindest der der ersten Dekade. Falls jemand dieser alten frivolen Dame unter die Nase riebe, daß ihre Familie sie bestohlen hat, würde die Alte vor Scham erröten, denn sie ist verschwiegen. Sie würde eine gekränkte Miene aufsetzen, darüber daß man den Verdacht auf eine solche Untat in ihrer noblen Familie haben kann. Sie würde plötzlich weinen, stillschweigen, ihre zahllosen und übrigens wahren unglücklichen Erfahrungen andeuten und erklären: «Ich habe es nicht besser verdient!» Das ist ihr typisches Leben, wenigstens hoffe ich das.

Es war ein mageres, niedliches Kind, das mit denen, die es liebten, nicht ohne den Hintergedanken schmuste, ihnen Geschenke oder Geld abzuluchsen. Eher steif und schmollend als geschwätzig, hatte sie naive Einfälle, über die man ausrief: «Ich weiß nicht, woher ihr all diese Einfälle kommen!» oder: «Glauben Sie ihr kein

Wort, Onkel Jules, sie ist ja so verlogen!» «Sie? sagte der Onkel, sie ist doch die Aufrichtigkeit in Person, sie kann gar nichts verbergen!»

In der Schule dann: «Könnte besser arbeiten. Das Kind ist nervös und braucht Pflege», lautete das Trimesterzeugnis. Oder: «Fleißiges Kind, aber unregelmäßig in seiner Arbeit. Schubweise wache und träge Intelligenz.»

Mit fünfzehn Jahren hatte sie eine zügellose Leidenschaft zu einem älteren Soldaten aus der Verwandtschaft. Sie rieb sich an ihm, brach grundlos in Tränen aus. Keiner hätte das für möglich gehalten ... Sie *stahl* ihrer Mutter Groschen, um ihm Blumensträuße zu kaufen, wurde unglaublich kokett, bemühte sich im Zeichnen, um ihm zum Namenstag zu gratulieren, und wurde plötzlich krank. Jetzt beginnen ihre Mißgeschicke. Auf den Rat des Arztes verheiratet man sie; sie flieht noch in ihrer Hochzeitsnacht, so eine gräßliche Furcht ergreift sie beim bloßen Gedanken an den Geschlechtsakt, gelangt, von der Polizei und ihrer Familie gesucht, nach Paris.

Man findet sie bei einem skrupellosen Mann vom Theater, der sie entjungfert hatte und sie auf die Bühne drängen wollte. Die Familie holte sie, gab sie ihrem legitimen Gatten zurück, der ihr zwar verzieh, aber sie ständig schlug, obwohl er sie auch mit Näschereien überhäufte. Sie weigerte sich, zu singen und Klavier zu spielen, wie sie es in ihrer Jugend getan hatte.

Als sie auf die Dreißig zugeht, wird sie eine «kostbare Rosenknospe», umschmeichelt, schön gekleidet, brillant, geistvoll, gebildet, philosophisch. Ihre Eltern sterben, ihre Schwester bringt sie um ihre Erbschaft; ihr Gatte verläßt sie; sie lebt bei ihrer Schwester und endet in Reue und Ergebenheit. Eine Kleinigkeit genügt, um sie wieder zum Lächeln, zum Weinen und zum Plaudern zu bringen.

Zweite Dekade:

Obwohl immer noch recht niedlich, haben sie weniger Anmut als die Damen der ersten Dekade. Das ist keine Rosenknospe mehr, sondern eine verkniffene Vornehmheit, verbunden mit Lust an Sticheleien und Rachezügen. Sie holen Sie an der Ecke ein und bringen beigelegte Streitfälle wieder aufs Tapet, und zwar denkbar unerwartet. Sie nageln Sie durch Überraschung fest.

In ihrer Kindheit sind sie arbeitsam und sehr intelligent, und die frühe Jugend ist der glänzendste Abschnitt ihres Lebens: Wunderkinder. Die Sexualität bringt sie um. Sie behalten stets eine theatralische Vornehmheit, aber hinter dieser Maske verbergen sich orientalische Sitten, liegende Positionen.

Ihr Leben ist eine ständige Lüge. Wirklich aufrichtig sind sie in ihrer Eßlust, die ein einzigartiges, geradezu malerisches Talent im Organisieren von Gelagen hervorbringt.

Eine tiefsitzende Faulheit verbirgt sich unter plötzlichen Anflügen von Tätigkeitsdrang, in denen sie im Taxi von Geschäft zu Geschäft fahren, überall schwatzen, sich zügellose Lust auf dieses und jenes machen, dann müde nach Hause kommen, sich ins Bett legen, stöhnen, sich krank fühlen, sich über alles beklagen und dabei doch weiter ihre Interessen im Auge behalten und lügen.

Sie sind nicht lasterhaft, sondern sexuell; sie sind nicht wollüstig, sondern wie Bäuerinnen; sie sind nicht brutal, sondern gleichzeitig kalt, heißblütig, abrupt in ihren Ansprüchen und schlichten Bedürfnissen, die von der Gemeinheit bis zur obszönen Grobheit gehen.

In Geschäften sind sie abwechselnd zu argwöhnisch und zu vertrauensseelig, da sie die gefühlsmäßigen Neigungen mit den Interessen vermischen, und ihr Schicksal ist es, von ihren Freunden bestohlen und von ihren Beschützern enttäuscht zu werden.

In ihrem Leben gibt es mehrere echte Liebesverhältnisse, einen ihren Launen ausgesetzten Gatten, sofern er nicht verstanden hat, sie kurzzuhalten, was allem Anschein zum Trotz, sehr leicht ist. Es sind gute Mädchen. Vertrauen Sie nur nicht darauf: sie sind zu unbarmherzigen Gemeinheiten fähig, weil man sie in ihrer «verrückten» Empfindlichkeit gekränkt hat.

Da sie sehr viel Sinn für Kunst und Literatur haben, hat man sie in der Hand, wenn man sie nur einmal in Erstaunen gesetzt hat. Wenn es ihrem Gatten gelingt, sich den Anschein eines großen Denkers zu geben, wird sie ihn bewundern, ihn nicht betrügen, und sie kann als große geachtete Dame ihr Leben beschließen.

Am Ende ihres Lebens ist sie vollkommen ernüchtert, hüllt sich in Schweigen, betrachtet ihr trauriges Gesicht in den Spiegeln, schreibt ihren Freunden sehr schöne Briefe und interessiert sich nur noch für Liebesintrigen. Sie verfällt immer mehr. Im Gedenken an ihre einstige Glut, achtet sie ihr Gatte und pflegt sie. Sie wird alt.

Dritte Dekade:
Sie sind die Starrheit selbst, Wesen, die sich gänzlich einer einzigen Idee hingeben und diese

Idee personifizieren. Als Krankenschwester sind sie die Krankenpflege in Person, etc. So können sie trotz einer tiefen, hinter freundlichem Geschwätz verborgenen Dummheit bei etwas Erfolg haben, das keine Genauigkeit erfordert. Die Hauptsache wäre also, sie lenken zu können: nun sind sie aber, wie ich bereits sagte, die Starrheit selbst. Wie die Damen der vorhergehenden Dekade kann sie die Liebe gefügig machen, aber ihre Verschwommenheit läßt sie einem unter dem Vorwand irgendeiner moralischen Idee entwischen, z.B. der Idee, daß sie eines solchen Herrn und Meisters nicht würdig oder daß sie zu dumm seien oder daß man dies oder jenes nicht «tun dürfe».

Die vorhergehenden Dekaden besitzen auch Starrheit, aber die dritte Dekade ist besonders mystisch in der Kindheit oder im reiferen Alter, philosophisch, lesehungrig, fortschrittsgläubig, wissenschaftlich zwischen zwanzig und vierzig Jahren.

Ihr Gesicht scheint interessant wegen der schönen, verliebten und zärtlichen Augen, wenn sie nur wollen, und wegen einer liebenswürdigen, leicht kränklichen Blässe (die Sinnlichkeit verbirgt), aber der Körper ist in der dritten Dekade immer *mager* im Gegensatz zu den anderen.

Die Laster des Mondes (Eßlust, Trägheit, Unzucht) sind hier durch Philosophie und Religion gemildert, die bei jenen Frauen gedeihen, die nicht an einem Ort verwurzelt sind, keinen festen Boden und keinen festen Halt haben, nicht in irdischem Wohlbehagen schwimmen, was gut an ihrer Leichtfüßigkeit zu erkennen ist. Die Starren zeigen eine erstaunliche Geschmeidigkeit beim Tanzen und könnten sogar Akrobatik betreiben, wäre da nicht diese Trägheit, von der ich gesprochen habe.

Die Ehe flößt ihnen Angst ein, obwohl sie von der Unzucht angezogen sind. Sie werden den Liebhaber bekommen, der sie fasziniert, sie zu Sklavinnen macht; einmal entfesselt, oh, welcher Überschwang, wenn Philosophie und Religion nicht die Oberhand gewonnen haben.

Sie werden oft geliebt und ebensohäufig fallengelassen. Das gibt dann Anlaß zu Rasereien, Galle, Rache, Wutausbrüchen, philosophischen Reden.

Wenn sie in einer ihrer hartnäckigen Bemühungen standhaft geblieben sind, haben sie mit vierzig Jahren eine pädagogische, künstlerische oder verkäuferische Lebensstellung. Aber darin ist immer etwas Unbeständiges, was sie sehr wohl spüren: daher klammern sie sich so heftig an.

Sie werden immer sehr unglücklich sein, trotz Freudentaumel. Sie werden sich ständig nach Frieden, Komfort, Besitz sehnen und werden es nie besitzen außer durch einen Gatten oder Liebhaber. Ihr Alter ist voller geschwätziger, entsagender Erinnerungen. Aber man glaubt ihren Klagen nicht. Man hält sie gern für liebenswürdige, schrullige alte Damen.

Die Krebsfrauen bewahren alle den Gedanken und das Verlangen nach Liebe bis in den Tod. Ihr geheimes Ziel ist der Genuß sinnlicher Empfindungen, denn sie haben keine feinen Sinne.

LÖWE

21. Juli bis 21. August
Wohnung der Sonne
Dreiheit des «Feuers»

ANALOGIEN

Das Pferd, der Pfau, der Elefant, der Delphin, der Fasan, der Paradiesvogel, der Bengali, der Seestern.
Die Roßkastanie, der Lorbeer, der Trompetenbaum, der Mangrovenbaum.
Die Sonnenwende, die Geranie, die Sonnenblume, der Diptam, die Fuchsie, die Dahlie, die Kapuzinerkresse, die Melone, die Orange, die Weintraube, die Wassermelone, der Granatapfel.
Fürstliche Häuser. Theater, Paläste, weiträumige, prachtvolle und helle Plätze.
Die Gesandtschaften. Die königlichen Würden.
Die Prinzen, die Magnaten, die Prächtigen, die Berühmten, die Großmütigen.

STEINE: der Diamant, der Topas.

METALL: das Gold, die Bronze.

FARBEN: (prächtig und warm): Kadmiumorange, Purpur, Karmesinrot, Ultramarinblau.

GESCHMACK: brennend mit angenehmer Süße gemischt.

DÜFTE: (balsamisch, stärkend): der Chypre, die Ambra, der Thymian, der Rosmarin, die Gewürze, der Weihrauch.

KLANG: die Orgel, die Zimbeln.

PERSÖNLICHKEITEN: Lorenzo der Prächtige, Malebranche, Vauvenargues, Fénelon, Maupassant, Jean Lorrain, Paul Claudel, Mussolini, Corot, Jules Laforgue, Philippe Soupault, Théophile Briant.

DER LÖWE LIEBT den Wassermann, steht in Einklang mit dem Widder und dem Schützen, verträgt sich mit den Zwillingen und der Waage, liebt nicht den Stier und den Skorpion, verträgt sich nicht mit der Jungfrau, dem Steinbock, dem Krebs und den Fischen.

EMBLEM: «Ein Mann, der vor einem Wappen deklamiert» (im Gefühlsausdruck stets auf be-

deutsame Gesten und Emphase bedacht). Größe und Gerechtigkeitssinn. Régulus (29.♌) bessert den Hochmut in Hochherzigkeit. Ausstrahlende, zentrifugale Kraft. Der Stolz wetteifert mit dem Ehrgeiz. Unabhängigkeitsgeist. Sinn für das Spiel, die Spekulation und die Macht.
Das Geheimnis der Macht des Löwen liegt in seinem angeborenen Selbstvertrauen. Er würde an allem und jedem zweifeln, bevor er seine Fähigkeiten und Talente in Zweifel zöge.

QUALITÄTEN: Großzügigkeit, Würde, Milde.

SCHWÄCHEN: Größenwahn, Schauspielerei, Unverschämtheit.

Stolze, leidenschaftliche, großzügige Natur, die gern groß schreibt und Extreme liebt.
Warmes und nobles Herz, von edler Natur.
Verfolgt sein Ziel ohne Umschweife, mit rechtschaffenen Mitteln.
Achtet nicht auf Würden, sie kommen von selbst. Königlicher Zug. Sie fordern Sympathie geradezu heraus und erlangen die Gunst der anderen für ihre eigenen Interessen.
Die Fähigkeit, ihre größten Feinde für sich zu gewinnen und sich ihrer zu bedienen.

Würdig und zu Scherzen aufgelegt. Spaßhaft und dennoch achtungsgebietend. Das Gefühl für Abstand. Besitzt ein Fluidum und viel Anmut, aber das trennende Glas wird nie gebrochen.
Gerecht und Bedürfnis nach Gerechtigkeit.
Friedfertig und spöttisch. Ein ungeheures Selbstwertgefühl; halten niemanden für ihnen ebenbürtig. Das ständige Bestreben, beachtet zu werden, spiegelt sich sogar in ihrem Gang wider.
Sie haben viele Freunde, zählen aber nur auf sich selbst.
Dauerhafte Liebesbeziehungen. Standhaft, nicht im Handeln. Sie haben wenig Liebe für ihre Frau und ihre Kinder. Das häusliche Leben ist oft weniger königlich als das öffentliche. Im Kreis der Ihren zeigen sie einen blinden Despotismus, eine kindliche Herrschsucht.
Sie sind heftig und jähzornig. Plötzlich aufsteigender, rascher Zorn, aber noble Rache.
Heftige, leidenschaftliche, übersteigerte Anschauungen. Absichten gehen bis zum äußersten, auch auf die Gefahr hin, sich zu verlieren. Neigung zur Utopie. Es sind leidenschaftliche Idealisten.
Feinfühlige, ausstrahlende, «zentrifugale» Intelligenz. Sie drücken ihre Gedanken rasch und präzise aus. Sie erfassen den springenden Punkt

einer Sache oder einer Situation sehr schnell und verstehen es bestens, daraus für ihre Interessen Nutzen zu ziehen.

In der Kunst mehr Urteilsvermögen und Scharfsinn als schöpferisches Genie. Die Fähigkeit, bekannte Tatsachen in einem neuen Licht erscheinen zu lassen. Sie greifen die Gedanken und Ahnungen anderer auf und erweitern dabei deren Bedeutungen.

Ihre Gabe ist es, alles zu «verfeinern».

Weitgehende Toleranz gegenüber den Gefühlen anderer.

Finden in ihrer Gewißheit die Kraft, andere reden zu lassen.

Gelassenheit.

Passen sich Bedingungen und Umständen an, die unerträglich erscheinen.

Nüchternes Interessendenken vereint mit Sinn für Größe und Schönheit.

Wenig Feinde; die im Schatten Stehenden werden bald, aus dem Unvermögen zu schaden, ermüden. Er liebt seine Ehre.

DIE LÖWEFRAUEN besitzen im allgemeinen eine Künstlernatur, die sich sehr glühend und sehr leidenschaftlich in allen ihren Unternehmungen äußert. Sie verstehen zu geben und

sich ohne Hintergedanken und mit Stil hinzugeben.
Im übrigen verstehen sie in gleicher Weise und ohne mit der Wimper zu zucken, zu nehmen. Sie haben eine prächtige Natur, sind zu Heroismus und Hingabe fähig, sofern letztere Stil besitzt. Sie lieben es zu beschützen, ... wenn sie sich dazu herablassen.

KÖRPERLICHE KRANKHEITEN: Herzkrankheiten. «Lichtstauung». Augenkrankheiten.

MORALISCHE KRANKHEITEN: Großmannssucht. Mystischer Wahn, Besessenheit.

Ihre Haltung ist immer elegant, oft edel, ja majestätisch. Sie sind schlank, von ebenmäßiger, ein wenig strenger Schönheit. Stark nach rückwärts gewölbter Oberkörper. Die Brust ist breit, die Knochen schmal. Wenig oder kein Körperhaar. Die Frau ist «kallipygia» mit oft goldgesprenkelten Schenkeln. Die Augen stehen weit auseinander, der Ausdruck ist sanft und streng zugleich. Volle und feste Wangen. Gleichmäßige, leicht vorgewölbte Lippen. Sehr weiße Zähne. Die Stimme ist angenehm und klangvoll. Ihre Kraft liegt in ihrem Charme.

LÖWE

Das LIVRE D'ARCANDAM sagt:

«Sein Stolz ist groß und er glaubt, daß keiner ihm an Verdienst, Würde und Fähigkeiten gleichkommt, daher glaubt er auch, alle anderen an menschlicher Vollkommenheit zu übertreffen.

Er wird zwei Frauen haben, die ihn sehr lieben, er sie hingegen gar nicht. Er wird jähzornig und lüstern sein, und wenn er sich eine Frau nimmt, die ihm gleicht, wird er nur noch lüsterner. Er wird viel Ungemach wegen seines Jähzorns und seines großen Mutes erdulden.

Das in diesem Zeichen geborene Mädchen wird eine breite Brust und schlanke zierliche Schenkel haben, was ein Zeichen für Hochherzigkeit ist.

Sie wird Schmerzen an den Fußgelenken haben. Mit zwölf Jahren wird sie, wenn man sie nicht gut behütet, eine Enttäuschung mit dem gewaltsamen Verlust ihrer Jungfräulichkeit erleben.

Sie wird ihrem Wesen nach feinsinnig, erfinderisch, begierig nach Wissen und Kenntnissen sein.

Sie wird, so Gott hilft, alle Hindernisse überwinden, wenn sie auf ihrem Leib glänzende Edelsteine trägt.»

ERSTE DEKADE: 21. Juli bis 31. Juli
Widder, Saturn, Löwe.

Religiöser Eifer und Begeisterung. Glaubt an höhere Sendungen im Leben. Persönliche Opfer für eine erhabene Idee, die sie leitet und für die sie leben.

Feinsinniger Geist.

Er wird seine Schicksalschläge durch Heiligkeit überwinden.

ZWEITE DEKADE: 31.Juli bis 11.August
Stier, Jupiter, Löwe.

Malebranche hatte mehr Schüler als jeder andere Philosoph. Er mochte nicht gern lesen und bildete sich eher durch Versenkung und innere Betrachtung. Er war ein systematischer Geist, die Einwände störten und verwirrten ihn. Er suchte Gott in der intelligiblen Schönheit und zog die Insekten den Sternen vor.

Wohlbegründet und klar. Eine Krankheit geduldig ertragen und die Ursachen des Übels analysieren.

Brillante und natürliche Sprache.

Der Mechanismus und die Methode des Denkens. Gelassene und kalte Vernunft, die die Dinge nach einer strengen Prüfung beurteilt und die Ideen in eine einleuchtende Abfolge bringt. Algebra, Arithmetik aus Liebe zur Genauigkeit und geistigen Durchdringung.

In seiner Jugend Anarchist zum Spaß; sehr opportunistisch in reiferen Jahren.

DRITTE DEKADE: 11.August bis 21.August
Zwillinge, Mars, Löwe.
Gefahr moralischer oder körperlicher Vergiftung.
Schwierigkeiten und Kummer.
Die Fähigkeit, sich aus schwierigsten Lagen wieder emporzuarbeiten.
Tyrannei, viele unnötige Gesten und dabei stets wie von einer Kraft getragen.
Sinn für Fröhlichkeit.

SÄTZE DES TAROT, die den Dekaden des Löwen entsprechen:

Erste Dekade: 21.Juli bis 31.Juli
«VIII I der Stäbe»
Geheimnisvolle Unternehmungen. Anregungen.
Der erreichte Erfolg wird von Dauer sein.

Zweite Dekade: 31.Juli bis 11.August
«Ritter der Kelche».
Mehr Enttäuschungen als Freuden.
Verspätete oder verhinderte Heirat.
Gefährlicher Ehebruch.

Dritte Dekade: 22. August bis 29. August
«VII II der Schwerter».
Fährnisse jeglicher Natur.
Verwundungen, Krankheiten, Vergiftungen.
Notwendigkeit einer Stütze.

DIE DAMEN IM ZEICHEN
DES LÖWEN

Es ist die «Oberschwester», die vom Chefarzt des Krankenhauses sehr geschätzt, aber von den Angestellten und den Kranken gehaßt wird. Vom Chefarzt geschätzt wegen ihrer unbestreitbaren Ergebenheit, wegen des Opfers an ihrer Zeit, das sie erbringt. Sie ist von edler Erscheinung, ihr ganzes Wesen strahlt Sympathie, Autorität und Güte aus. Aber diese Güte kommt nicht ohne Grobheit aus; sie versteht sie nicht anders zu zeigen als durch ein Heiligenleben, dessen Geheimnis den einfachen Gemütern entgeht, während diese einfachen Gemüter die harten Auswirkungen davon zu spüren bekommen. Sie läßt es an Takt im Namen der Wahrheit und Gerechtigkeit fehlen. Ihrem glänzenden

Verstand mangelt es an Geschmeidigkeit und Anpassungsfähigkeit an die Umstände.

Ihrem überaus gepflegten Heim fehlt der Charme. Man genießt dort eine ausgezeichnete, vernünftige Küche, die aber ohne Überraschung ist; sie hat keine kulinarischen Koketterien, keine Phantasie bei der Menüzusammenstellung, kein liebenswürdiges Detail. Wenn sie nicht so sparsam wäre (sie kann den Anschein des Geizes bei denen erwecken, die ihre Freigebigkeit nicht kennen), würde sie vielleicht Freunde mit Prunk einladen. Sie würde im Gespräch einen der Kunst, den Ideen geöffneten Geist zeigen und einen robusten gesunden Menschenverstand, der die Begeisterung und die große Leidenschaft nicht ausschließt; sie würde Ratschläge über Ratschläge geben, sich dabei der Mechanik Ihres Lebens, Ihres Budgets annehmend.

Im allgemeinen haben die Löwedamen Liebeskummer, der in seiner Art je nach Dekade wechselt.

Erste Dekade:

Die Liebesbeziehungen der Löwedamen der ersten Dekade sind ehrlicher Natur, denn sie sind von Grund auf moralisch, streng und religiös; ihr Stolz, ihre aristokratischen oder hochbürgerlichen Neigungen sind der Grund dafür, daß sie oft ledig bleiben oder sich der sapphischen Liebe als Folge der Sinnlichkeit ihres brodelnden Blutes zuwenden. In ihren reiferen Jahren sehr romantisch und phantasievoll geworden, erzählen sie Abenteuer, die sie nur im Traum erlebt haben und sind über ihr gescheitertes Liebesleben betrübt. In Wirklichkeit wären sie unangenehme, autoritäre Ehefrauen geworden, die putzwütig, prinzipienreiterisch und absolut in ihren Unabhängigkeitsbestrebungen gewesen wären. Da sie trotz alledem durch den Glanz ihres Blicks und die anhaltende Schönheit ihres Körpers anziehend wirken, kommt es oft vor, daß sie zweimal heiraten. Der zweite Ehemann wird glücklicher sein als der erste, denn sie haben sich dann beruhigt.

Zweite Dekade:
Die poetischen Aufschwünge, ein gewisser mystischer Geist sind nicht Sache der Moral. Die Damen der zweiten Dekade sind Verliebte, sie haben das Liebesleben schon im Mädchenpensionat begonnen, wenn auch begleitet von reuigen Gedanken in der Kapelle und langen Herzensergießungen im Beichtstuhl. Sie werden Liebhaber, mehrere Ehemänner haben, und ihre

Koketterie wird erwachsene Kinder in fernen Provinzen verbergen. Sie bleiben lange schön und hören bis ans Ende ihrer Tage nicht auf, an die Liebe zu denken. Ihnen sind die langen Meditationen und Hausfrauensorgen der Damen der ersten Dekade unbekannt: sie verzehren ihr Leben nicht aus Liebeslust, sondern aus der Leidenschaft und dem Bedürfnis, sich hinzugeben und zu schenken. Sie werden beredt einen Künstler, einen Gelehrten, einen Prediger verteidigen, eben den ihren. Ich kann sie mir sehr gut mit einem Salon vorstellen, einem literarischen Salon, der zugleich eine Gemeinde bildet.
Dieser Salon könnte durchaus ein amouröser Treffpunkt sein, wo Intrigen gesponnen werden, die nicht viel mit Politik oder Kunst zu tun haben. Sie können Geliebte und mondäne Frauen sein, sie sind weder Mütter noch Ehefrauen. Sie sterben jung und man behält sie lange im Gedächtnis. Die Umwelt sah in ihnen sympathische Verrückte.

Dritte Dekade:
Eine Märtyrerin! Ihr Sinn steht nach allem Großen und Vollkommenen. Sie hat aus Vernunft, aus Hingabe zu ihrer Familie geheiratet, oder auch aus dem Irrtum über einen Herrn, den

ihr ihre Phantasie als einen Helden vorspiegelte. Als sie mit dem gesunden Verstand des Löwen bemerkt hat, wie wenig ihr Gatte wert ist, hat sie aus Opfersinn still geschwiegen, wenn sie auch in Anspielungen ihre Überlegenheit über ihn durchscheinen läßt. Sie hat ihren Ehrgeiz auf ihre Kinder gesetzt, deren Erziehung sie mit Begierde vorantreibt und die sie dabei mit Talenten ausstattet: auch dort hat sie Enttäuschungen, denn ihr Ehrgeiz ist unstillbar. Ihre Gesundheit zeigt die Folgen ihrer ständigen Desillusionen: sie ist herzkrank. Aus Erhabenheit (nicht aus Moral, sondern aus Sinn für das Erhabene) hat sie den Gedanken an Ehebruch zurückgewiesen. Sie gefällt sich in ihrer Selbstgenügsamkeit, in der Befriedigung an der Selbstaufopferung. Sie tröstet sich mit der stillen Bewunderung für Helden, mit philanthropischen Werken, in denen sie ihr allen Löwedamen eigenes Organisationsgenie, Tatsachensinn und eine hohe Idealität einbringt. Sie redet bündig und schweigt meistens, in der Erwartung desjenigen, der ihrer pathetischen Geständnisse würdig wäre. Er wird nie kommen. Sie wird geachtet.

JUNGFRAU

21. August bis 21. September
Zweite Wohnung des Merkur
Dreiheit der «Erde»

ANALOGIEN

Der Affe, das Eichhörnchen, die Maus, der Hase, das Frettchen, die Ameise, der Sperling, die Schwalbe, die Fliege, der Haselbusch, der Klee, der Steinklee, die Pimpinella, der Feldthymian, das Gras, die Körner.
Die Rechenkünstler, die Geometer, die Apotheker, die Schreiber, die Sekretäre, die Händler, die Erfinder, die Schwätzer.
Die Akademien, die Kramläden, die Schulen, die bestellten Äcker.

STEINE: der Türkis, der Malachit.

METALLE: das Aluminium, das Neusilber, die Legierungen.

FARBEN: (flüchtige): die Abtönungen.

GESCHMACK: aromatisch.

DÜFTE: der Majoran, die Sträuße.

KLANG: die Violinen.

PERSÖNLICHKEITEN: Richelieu, Cuvier, Goethe, Maeterlinck, Chateaubriand, Marcel Schwob, Guillaume Apollinaire, Henri Robert, Paul Bourget, Jean-Louis Vaudoyer, Jules Romains.

DIE JUNGFRAU LIEBT die Fische, steht in Einklang mit dem Steinbock und dem Stier, verträgt sich mit dem Krebs und dem Skorpion, liebt nicht die Zwillinge und den Schützen, verträgt sich nicht mit dem Widder, dem Löwen, der Waage und dem Wassermann.

EMBLEM: «Eine Frau, die Weizen in einem Schrank anhäuft» (aufmerksame Achtung vor den Dingen der Erde).
Die Jungfrau sucht gewissenhaft nach der Vollkommenheit und der Genauigkeit in der physischen Welt des materiellen Lebens ... mit all den daraus folgenden schweren Enttäuschungen, den Lächerlichkeiten und auch der Würde, die dergleichen mit sich bringt («Hausfrau und ihr Haushaltsbuch»).

Nach Manilius wenig fruchtbares Zeichen, dem eine natürliche Neigung zur Knechtschaft innewohnt. Die Jungfrau begibt sich in allen Bereichen in die Abhängigkeit anderer, um aus dem Nutzen zu ziehen, was sie sich als ihre Erfahrung angeeignet haben. Das ist der Sinn der Arista, der Weizenähre in der linken Hand der Jungfrau, die die Ernte symbolisiert.

QUALITÄTEN: Geduld, Genauigkeit, Demut.

SCHWÄCHEN: Kleinlichkeit, Unmoral, Feigheit.

Erfinderische, skeptische, auf alles neugierige Natur, die ein ausgeprägtes Unterscheidungsvermögen besitzt.
Wenig Ehrgeiz. Mehr Fimmeligkeit als Leidenschaft.
Die Jungfrautypen warten mit erstaunlicher Geduld, bis sie an der Reihe sind. Ein «insektenhafter» Zug läßt sie auf den einmal getroffenen Entscheidungen auch dann beharren, wenn der innere Beweggrund hierzu gar nicht mehr besteht.
Scharfer, verschlungener, aber praktischer Verstand mit Liebe zum Detail, zu Belegen, zur Fül-

le der Kleinigkeiten. Sie lieben es, Kenntnisse anzuhäufen, zu sammeln und zu etikettieren. Sie sind Adreßbücher, Kataloge, Bibliotheken. Man blättert in ihnen.

Oft sind sie von der Literatur und den schönen Künsten angezogen, aber von einem streng rationalen und konkreten Standpunkt aus, fern jeder Metaphysik.

Die bis zum äußersten getriebene Liebe zum Detail verbietet meistens jede übergreifende Anschauung, liefert die exakte Übersicht des Kenntnisstandes, ein geschlossenes, abgegrenztes aber gerades Denken.

Man darf sie nicht aus ihrer Vitrine holen oder von ihnen allgemeine Ideen verlangen. Sie haben kein persönliches Urteil. Immer zitieren sie irgend jemanden oder irgend etwas.

Sie sind skeptisch, spotten leicht, aber zweifeln nie an einem Beleg, geschweige denn an sich selbst. Ein Bedürfnis, alles zu kritisieren, oder besser gesagt, ständig zu bekritteln, macht ihren Umgang anstrengend. Sie haben nicht immer Sinn für Komik.

Kunstfertigkeit und Beredsamkeit. Beredsam mit dünner Stimme und genauen Gebärden. Sie hassen es, ihre Arbeit oder ihre Rede nicht zu Ende bringen zu können. Sie geben gern Rat-

schläge. Sie sind ausgezeichnete Rechtsanwälte. Sie legen aus Anstand die Hand oder den Finger auf den Mund.
Ergebenheit für eine Sache.
In der Liebe Neigung zu gezierten Reden.
Sie besitzen wenig Jugendlichkeit.
Die Frau schlechthin der Jungfrau ist Demeter: die unwandelbare Erde, die das Samenkorn in ihrem Schoß empfängt und es vermehrt. Die Erde, die uns ernährt und uns auch in sich aufnimmt. Es ist der Leib Mariens, in dem Christus Fleisch geworden ist und der Leib der Isis, in dem Horus, die neue Sonne, geboren wurde.

DIE JUNGFRAUFRAUEN sind demütig, zurückhaltend und neigen zum Mystizismus. Sie symbolisieren immer die Ernte.

KÖRPERLICHE KRANKHEITEN: Krankheiten des Bauches und der Eingeweide. Ernährungskrankheiten. Krämpfe, Schwindelanfälle, Kopfschmerzen.

MORALISCHE KRANKHEITEN: Vages Zweifeln. Kurzsichtigkeit des Geistes und der Sinne.

Sie sind klein. Langes, feines Gesicht. Blasser Teint, wie junger Honig. Beweglicher Kopf.

Hohe Stirn, lange, schmale und gewölbte Augenbrauen. Ihre tiefliegenden, von dünnen Wimpern bedeckten Augen sind unruhig, sehr beweglich, durchdringend. Kaninchenaugen. Gerade und lange Nase. Kaum vorspringende Nasenflügel. Dünne, meist geöffnete Lippen. Ihre Stimme ist dünn. Sie gehen schnell und sind behende. Sie haben wenig Kraft.

Das LIVRE D'ARCANDAM sagt:
«Er wird von schlichtem Gemüt sein und sich weder um weltliche Dinge noch Reichtum sorgen. Er wird niemanden beargwöhnen und sich nicht um das Böse kümmern, das man ihm antun wird.
Er wird aufrichtig sein, auf geradem Weg sein Ziel verfolgen und selten vom rechten Weg abweichen.
Er wird zwei Frauen heiraten, deren eine ein kleines Hirn hat.»

ERSTE DEKADE: 21.August bis 31.August
Krebs, Sonne, Jungfrau.
Studium der physischen Ursachen und der Künste. Gabe zum raschen Schreiben. Einfallsreich, doch von äußerster Bescheidenheit, die schaden wird. Fähig, viel dem Geld zu opfern.

ZWEITE DEKADE: 31.August bis 11.September
Löwe, Venus, Jungfrau.
Alle Arten von Verrat, den man nie vermuten wird. Bedauern darüber, nicht gelehrter zu sein. Stürzt sich in Unkosten, um Erfolg in der Gesellschaft zu haben und erträgt es kaum, von anderen in den Schatten gestellt zu werden. Poltron angesichts der Gefahr. Eigentlich sehr bürgerliches Wesen mit Kurzschlußhandlungen.

DRITTE DEKADE: 11. bis 21.September
Jungfrau, Merkur, Jungfrau.
Viel Achtung und Bewunderung für die großen Männer.
Neigung zum Umgang mit Leuten, die für ihr Talent bekannt sind. Sehr empfindlich gegenüber den Meinungen der anderen.
Bescheidenheit in der Haltung und unerwartete Hochmutsregungen.

SÄTZE DES TAROT, die den *Dekaden der Jungfrau* entsprechen.

Erste Dekade: 21.August bis 31.August
«X der Stäbe».
Erfolg, Stabilität.

Zweite Dekade: 31.August bis 11.September
«Bube der Kelche».
Unglückliche Liebesbeziehungen.

Dritte Dekade: 11.September bis 21.September
«X der Schwerter».
Höchstmaß an Qualen und Ungemach. Geist, der sich selbst und anderen schadet. Mit Unglück gepflastertes Leben.

DIE DAMEN IM ZEICHEN DER JUNGFRAU

Der Typus des alten Fräuleins aus der Provinz ist wohlbekannt. Sie personifiziert die Provinz für oberflächliche Betrachter, die beide nur aus Romanen kennen.
Das alte Fräulein gibt es in Paris ebenso wie im Ausland: wir haben ihre kleine, bewundernswert saubere, aufgeräumte, einwandfreie Wohnung gesehen, wir kennen ihre eingepackten Andenken in den Schubladen, ihre häufigen Kirchenbesuche, ihre Ängste und ihre doppelten Riegel an den Türen, ihre Empörung über alles, was nicht unbedingt bürgerlich und üblich ist.

Wie die ganze Stadt X..., wir haben sie in Verdacht, versteckte Ersparnisse zu besitzen, zu hegen und zu pflegen und sie so zu ihrer größten Sorge zu machen. Wir wissen, daß sie zu den ausgesprochenen Tatsachenmenschen gehört, trotz ihres frommen Scheins und ihrer kirchlichen Gewohnheiten: «Zwei und zwei sind vier», das ist ihre Maxime und gern würde sie hinzufügen: «Weder der Teufel noch der liebe Gott können daran etwas ändern», denn wie viele Katholiken glaubt sie kaum an Wunder. Wenn Sie diesem gutbekannten Charakter noch heftige Zornesausbrüche hinzufügen, bei denen Worte hochkommen, die sie befriedigen und die im Mund einer «in jeder Beziehung anständigen» Person (der Ausdruck stammt von ihr) überraschen, haben Sie den Idealtypus der Jungfraudamen. So beschrieben, ist er unvollständig. Dieses alte Fräulein ist nicht immer alt gewesen und hätte sehr gut nicht immer ein Fräulein bleiben müssen.

Wenn sie zwischen dem 22. und 31. August geboren ist, hat sie in ihrer frühen Jugend viel gelesen und viel geträumt, sie hat sich in den Künsten geübt und in den Salons geglänzt. Sie war schön mit ihren schönen Zähnen, goldblonden Haaren, kräftigen Armen und Beinen, häufigem Lachen und Koketterien; sie war nicht unempfänglich für die Komplimente der Herren, es mag sogar sein, daß sie in ihrem Innern ihre Frische und ihre Illusionen über die Liebe verloren hat.

Wenn sie zwischen dem 1. und 10. September geboren ist, hat die Liebe entschiedenermaßen eine große Rolle in ihrem Leben gespielt, das von Venus zerrissen worden ist; sie war verheiratet; sie hat sich scheiden lassen, oder sie ist auf der Suche nach ihrem Liebhaber ins Ausland gegangen ..., sofern nicht die andere Seite ihres Charakters, der schüchterne und pflichtbewußte Zug an ihr, über ihre leidenschaftliche Seite die Oberhand gewonnen hat.

Wenn sie zwischen dem 10. und dem 22. September geboren ist, herrschen Zorn und Stolz über die Bescheidenheit und Zurückhaltung des «alten Fräuleins», dennoch ... Zorn und Stolz hindern nicht, daß häufig ein hilfreiches Mitleid gezeigt wird. In dieser Periode gibt es Krankenschwestern: sie sind gütig und praktisch, stellen ihre Chefs durch peinliche Aufmerksamkeit und ihren Ordnungssinn zufrieden, aber heben gekränkt das Haupt und bewahren heimlichen Groll. Doch zurück zu dem typischen alten Mädchen des Zeichens der Jungfrau.

JUNGFRAU

Als sie ein Kind war, führte man sie als Musterbeispiel unter ihren kleinen Gefährtinnen an: «Schaut nur die kleine Laurence an», hieß es, «wie still und zurückhaltend sie ist und immer so sauber! Ihre Schulhefte sind gut geführt: kein Klecks auf ihren Hausaufgaben, und dabei noch liebevoll und intelligent! Sie ist nicht die Beste, aber soviel verlangt sie gar nicht! Wie schade, daß sie so oft krank ist!» Darauf das Kind: «Laurence denkt nur an sich! Nur sie zählt! Die ist schlau!»

Laurence wurde Hauslehrerin in einer Familie, sie erzog ihre Schüler tadellos und wurde von den Eltern geschätzt. In der Tat war Laurence bescheiden und zugleich rührig: sie lag mit ihren Systemen und ihrer kritischen Anschauung sehr richtig. Sie half der Hausherrin auf eingebungsvolle Weise bei der Haushaltsführung, legte in der Küche geschickt Hand an und bat ihren Hausherrn um Rat bei der Anlage ihrer Ersparnisse. Ihre Brotgeber mochten ihre Aufmerksamkeit für die kleinen Dinge des Lebens, und als sie einmal einen Prozeß wegen einer Erbschaft hatte, bewunderten sie ihre Gewandtheit. Eben diese Erbschaft hat sie reich gemacht und nicht ihr beständiges Sparen. «Sie hätten einen guten Bankier abgegeben», sagte ihr Brotgeber. –

«Mein Traum war, Schriftsteller zu sein», antwortete sie. «Dichter, ja?» Das brachte sie zum Lachen: «Ich bin doch nicht verrückt!.. Wäre ich ein Mann, wäre ich Priester geworden oder Schriftsteller für das Ernste und Realistische.»
Als ihre Schüler groß geworden waren, bekam sie eine Stelle bei der Post. Sie erwies sich als eine Frau mit Verstand, hatte nie Fehler in der Rechnung. Gegenüber ihren Kollegen zeigte sie sich sehr kameradschaftlich und gab ihnen ausgezeichnete Ratschläge zur Einrichtung ihres kleinen Haushalts, ihrer Küche, zur Anlage ihrer Ersparnisse. Sie verstand auch etwas von Antiquitäten und seltenen Büchern. Sie hat das erreicht, was ihr Lebensideal war: von ihrer Rente zu leben und dabei nie mehr als ein Drittel ihrer Bezüge auszugeben; doch ein anderes Lebensideal als «bei niemandem Anstoß erregen» hat sie nie erreicht. Die Nonnen haben manchmal befremdende Kühnheiten in ihrem Tun oder Reden. In einem meiner Bücher, *Le Cabinet noir,* schreibt die Tochter der Kurzwarenhändlerin, Fräulein Lenglé, einem jungen Mann, um ihm einen Heiratsantrag zu machen. Ein solcher Streich hätte mich bei diesem Frauentyp nicht gewundert: das peinlich genaue alte Fräulein, sei sie nun verheiratet oder Mutter.

WAAGE

21. September bis 21. Oktober
Zweite Wohnung der Venus
Dreiheit der «Luft»

ANALOGIEN

Das Kamel, das Lama, das Vikunja, die Hirschkuh, die Gans, die Ente, das Huhn, die Krickente, das Perlhuhn, die Wachtel, die Kohlmeise, die Taube, die Turteltaube, die Forelle, die Rose, der Jasmin, die Resede, die Palme, die Reneklode, die Siruparten, der Honig, die Schuppe.
Die Romanzen.
Die amüsanten Sachen, das Liebliche, die Arabesken. Die Rubensfrauen. Der Stil Louis XV.
Die Troubadure.
Die Kurtisanen.

STEINE: der Saphir, der Aquamarin.

METALL: das Kupfer.

FARBEN: (zarte): Himmelblau und Rosa.

GESCHMACK: angenehm.

DÜFTE: (lieblich): das Benzoeharz und das Nardenöl.

KLÄNGE: die Altstimme, die Harfe.

PERSÖNLICHKEITEN: Bossuet, Watteau, Boucher, Largillière, Lamartine, Verdi, Saint-Saëns, Louis-Philippe, Maurice Donnay, André Salmon, Van Dongen (AS), der Maler Bonnard, François Mauriac.

DIE WAAGE LIEBT den Widder,
steht in Einklang mit dem Wassermann und den Zwillingen, verträgt sich mit dem Löwen und dem Schützen, liebt nicht den Steinbock und den Krebs, verträgt sich nicht mit dem Stier, der Jungfrau, dem Skorpion und den Fischen.

EMBLEM: «Eine Frau, die eine Retorte in einem gefälligen Interieur betrachtet» (der Sinn für die Kontemplation und die Arabeske).
Einander widerstreitende Kräfte am Werk. Aktion und Reaktion. Die Waage schwankt stets zwischen zwei Wahlmöglichkeiten und sucht den Ausgleich.
Der Sinn für die goldene Mitte und das Gefühl für das richtige Maß in allen Dingen.

Die Waage hat eine doppelte Natur wie die Zwillinge; aber während die Zwillinge um eine Wahl bemüht sind, ohne daß es ihnen immer gelingt, begnügt sich die Waage mit dem Versöhnen.
Metaphysik der Standfestigkeit – so wie sie die Chinesen begriffen haben als Quelle allen Ausgleichs und aller Harmonie.
Eine einheitsstiftende Rolle.
Bedürfnis nach Gerechtigkeit.

QUALITÄTEN: Liebenswürdigkeit, Zärtlichkeit, Treue.

SCHWÄCHEN: Apathie, Gleichgültigkeit, Faulheit (keine geistige).

Gefühlvolle Natur, die eine Vorliebe für die Melodien, die Anekdote und die Überzuckerung hat; kennt keinen anderen Ehrgeiz als gut zu leben.
Das Äußere ist liebenswürdig, verbirgt aber meist einen scharfsinnigen, diplomatischen Geist, der sich geschickt aus der Affäre zu ziehen weiß. Ein gewisses Erfolgsstreben, aber ohne daß es durchscheint.
Es sind Dilettanten. Sie lieben das Verführerische und suchen alles Gefällige. Sie mögen und

verstehen es zu «hätscheln». Auf die Umgebung bedacht. Sehr feinfühlig für das Wohlgeformte. Sie haben im voraus Wohlwollen für alle Leute, deren Gesichtszüge und Gestalt ein Vergnügen für die Augen sind.

Oberflächliche Naturen, aber mit Anmut.

Sie passen sich den Umständen an und leben in den Tag hinein.

Trotz einer großen Seelenruhe, weswegen sie den Lärm, die Zwietracht und das Aufstacheln von Gefühlen hassen, können sie unerwartet heftig werden. «Die Bewohner Thélèmes, sagt Rabelais, haben eine faule Haut und sind mit Sorgen knapp.»

Sie sind Zauderer, fürchten die Entscheidungen und mögen sich nicht gern entschließen.

Vorliebe für Beschreibungen und Malerisches.

Ihre Sentimentalität, wenn auch nicht ohne Anmut, läßt im allgemeinen Geschmack vermissen. Sie haben die Gabe zu bezaubern und andere zu erweichen.

Der Geist ist langsam und fleißig, der Charakter weiblich.

Sie sind unfähig, allein zu leben und brauchen Gesellschaft.

Sehr sinnlichen Genüssen zugetan, insbesondere der Liebe. Lüstlinge.

Sie sind lustig, immer guter Laune, dann plötzlich entziehen sie sich mit einem Lächeln wie wenn sie den Hut zögen.

DIE WAAGEFRAUEN sind schön, groß, ausgelassen, verliebt und sentimental, was sie nicht hindert, viele kommerzielle Ideen zu haben. Es sind Mädel mit zarter Haut, die viel Stimmung haben und gutes Essen lieben.

KÖRPERLICHE KRANKHEITEN: Nierenleiden, Phlegmone. Krankheiten, die von übertriebenen Tafelfreuden, alkoholischen Exzessen und Ausschweifungen rühren.

MORALISCHE KRANKHEITEN: die Faulheit, Gleichgültigkeit, Naschhaftigkeit.

Helle, roséfarbige, feine und durchschimmernde Haut. Wenig oder gar kein Körperhaar. Schönes, wallendes Haar. Ovales, wohlgeformtes Gesicht. Der Ausdruck ist charmant und anmutig. Die Augen sind groß, lachend, feucht, verliebt und etwas hervortretend. Der Nacken ist schön. Schmale, abfallende Schultern. Volle, runde Brüste wie in der Antike. Rundliche Arme, Grübchen an den Ellenbogen. Die Bewegungen sind langsam und anmutig. An ihnen sieht man nirgends die Knochen, weder am Körper noch im Gesicht. Ihre Kraft liegt in der Anmut.

Das LIVRE D'ARCANDAM sagt:
«Er wird ein großer Hurenbold sein, fröhlich und kühn, viel Glück, vor allem auf dem Wasser, ist ihm beschieden; verschiedene heimtückische Dinge wird er aushecken und sehr gefährlich sein.
Er wird süße Reden gegenüber den Fremden führen, aber hart und widerborstig zu seinen Landsleuten sein.»

ERSTE DEKADE: 21.September bis 1.Oktober
Waage, Mond, Waage.
Wendet die Zahlen auf die Dinge an. Führt alles auf Maße zurück, um Schiedsrichter zu spielen. Die Frau wird schön sein, wegen des Gleichgewichts der Elemente. Was an zweiter Stelle kommt, gelingt ihr besser als was an erster Stelle rangiert. Die Narbe eines moralischen oder körperlichen Schlags wird sie behalten. Alles, was mit dem Mond zusammenhängt, ist ihr günstig, ebenso was vom Wasser kommt. Was aus dem Bauch und von Merkur kommt, ist ihr entgegengesetzt.

Was man sanfte Wesen nennt; sie sind nicht immer angenehm.

ZWEITE DEKADE: 1.Oktober bis 11.Oktober
Skorpion, Saturn, Waage.
Tiefgehende Traurigkeit. Wirklichkeitssinn. Ist gern hilfsbereit, aber duldet nicht, daß man ihr etwas aufzwingt.
Große Liebesenttäuschungen werden mit Geschmeidigkeit, manchmal mit Eleganz verwunden.
Arbeitet besser für andere als für sich selbst.
Reich durch ihre Treue.

DRITTE DEKADE: 11.Oktober bis 21.Oktober
Schütze, Jupiter, Waage.
In Gesellschaft mit allen liebenswürdig.
Die Frauen sind fröhliche Naturen, schön, groß, ausgelassen. Sie sind sentimental, haben viel Stimmung und lieben gutes Essen.
Viele kommerzielle Ideen.

SÄTZE DES TAROT, die den *Dekaden der Waage* entsprechen:

Erste Dekade: 21.September bis 1.Oktober
«II der Kelche».

Widerstreit.
Gemeinsamkeit oder Rivalität der Herzen.

Zweite Dekade: 1.Oktober bis 11.Oktober
«Königin der Schwerter».
Gefahren aus der Eifersucht oder aus einer Rache.
Gefährlicher Haß einer Frau.

Dritte Dekade: 11.Oktober bis 21.Oktober
«II der Münzen.»
Faktor für Harmonie oder Spaltung.

DIE DAMEN IM ZEICHEN DER WAAGE

Erste Dekade.
Christiane war ein sehr sanftes und etwas trauriges kleines Mädchen. «Könnte besser sein», hieß es in den Zeugnissen; denn Christiane war nie in irgendeiner Prüfung die Erste, doch Christiane bewies manchmal viel Scharfsinn: sie löste sehr gut die Scharaden, Bilder- und Kreuzworträtsel. Während der Pausen mochte sie nicht viel ren-

nen, sondern sie träumte, gegen eine Säule des Vordachs gelehnt, und lutschte an ihrer Lutschstange, denn sie war naschhaft. Wenn es bei den Spielen zu Mißhelligkeiten oder Schurigeleien kam, sagte sie freundlich ihre Meinung, und es traf sich, daß eben diese Meinung alle zufriedenstellte. Darauf hielt sie sich nichts zugute und lutschte melancholisch an ihrer Lutschstange.

«Könnte besser sein», sagte ihr ihr Papa, Offizier im Ruhestand. «Denk' daran, meine Tochter, daß du eine Lebensstellung brauchst, weil du keine Mitgift zum Heiraten hast.

– Wozu denn? – Du träumst ständig und löst Kreuzworträtsel: Was sind deine Zukunftspläne? – Ich werde Nonne und schmücke dann die Kapelle und die schönen rosa und blauen Statuen. – Woher hast du bloß solche Ansichten? Keiner hier im Haus mag das fromme Getue. Wunderliches kleines Frauenzimmer!» Aber Christiane umarmete ihren Papa so zärtlich, daß der alte Offizier doch lächeln mußte. Dann ging sie und schaute, wie das Wasser des Flusses hinten im Garten vorbeifloß, oder sie überwachte den Herd, hob die Deckel der Kochtöpfe und gab von ihr erfundene Rezepte zum besten.

An einem Feiertag saßen ihre Freundinnen zusammen in einer Laube, deren Kletterpflanzen

von ihr hergerichtet waren, und die Mädchen plauderten. Christiane, die Gesellschaft liebte, blieb in stillem Entzücken. «Und du, Christiane, wenn du in der staatlichen Lotterie gewonnen hättest, wen würdest du heiraten?» – «Ich gewinne niemals in irgendeiner Lotterie, antwortete Christiane. Mein Mann?...Oh, das ist zu schön! Unmöglich!...Nun...Mein Mann wird ein Flieger sein, er hat ein wunderbares Flugzeug erfunden: er wird mich auf seine Reisen mitnehmen, und ich brauche mich um nichts zu kümmern; wir werden hier und da zwischenlanden...und bei der Heimkehr wird mein Mann eine riesige Fabrik gründen und Tausenden von Arbeitern gebieten. Welche Verantwortung! Wir, seine Familie, werden in einem hübschen, mit Glyzinen behangenem Häuschen wohnen, mit Gardinen aus Mousseline und Räuchergefäßen ... Aber das sind Träume ... Nein, ich werde Nonne.»
Lange blieb Christiane ledig; doch schließlich nahm sie, mit einem traurigen Lächeln, mit einem Landarzt in einer Gegend ohne Apotheke vorlieb. Sie wurde die Apothekerin der Armen. Eines Tages sah sie, daß ihr Ehemann sie betrog; ihr Lächeln wurde darauf noch trauriger und ziemlich ironisch; sie sprach zu ihm sanft wie zu den Kranken: «Du arbeitest zuviel, mein Guter,

du wirst dich überarbeiten. Leg dich in deinem Zimmer schlafen, geh!»
In der ganzen Gegend wird sie bewundert; man tadelt nur ihre jähen und unverständlichen Anflüge von Heftigkeit, aber wie sanft und gut sie doch ist. Nie bezahlen die Armen die von ihrem Mann verschriebenen Medikamente.
Christiane hatte einen Sohn: «Er wird Flieger.» Die faule Christiane, die so oft während ihrer Apothekerinnengänge ihr Auto unter den Bäumen anhält, um lange dem Fließen des Wassers zuzuschauen, die faule Christiane hat begonnen, Mechanik zu studieren, um die Studien des künftigen Fliegers zu leiten: Doch leider liebte das arme Kind nur sein Vergnügen: es ist sehr früh gestorben. Kürzlich begegnete sie einer Jugendfreundin: «Erinnerst du dich noch an einen Feiertag in der Laube? ... Madeleine, Jeanne, Germaine, Alice waren dabei. Erinnerst du dich, wie ich sagte: Ich gewinne nie in einer Lotterie, meine Liebe. Ich habe nie gewonnen!»
Schon alt geworden, hat Christiane einen Salon; feine, geistvolle Freunde kommen von weitem im Auto zu Besuch, um ihren erlesenen und melancholischen Zauber zu genießen.

Die Damen der zweiten Dekade.

Arlette verbringt ihre Tage und Nächte im Liegen; sie raucht amerikanische Zigaretten. Sie urteilt rasch über ein neues Buch, vermißt den früheren Stil, denkt an die Freunde, die sie heute zum Essen bei sich haben wird; sie denkt ohne Bitterkeit an sie, obwohl sie deutlich ihren Charakter, ihre Fehler und Qualitäten sieht. Sie ruft das Hausmädchen, spricht das Menü bis ins Letzte durch, verlangt Blumen auf den Tisch, ist nahe daran, daß Dienstmädchen auszuschimpfen, lächelt, schweigt und legt sich wieder hin. Sinnt sie über etwas nach? Nein! Sie erinnert sich an die Haltung eines diesen oder jenen: «Dir mißtraue ich ... ich muß Edgar sagen, er soll mißtrauisch sein. Bei Gelegenheit werde ich ihm, Jules, die Meinung sagen ... Er macht sich über Edgar lustig. Ich werde das schon deichseln!» Sie analysiert die Situationen, sie macht Projekte ... «Wenn wir umzögen? ... Ah! Reisen! ... aber das ist unmöglich, Edgar muß ja im Ministerium sein ... Wenn ich seinen Minister zum Abendessen einladen würde ... Wer weiß? ... Wir würden einen hübschen Abend gestalten, ich werde Marcelle Meyer als Pianistin verpflichten ... wenn man ihn nett fragt ... hol's der Teufel! ... keine Gesellschaftsintrigen, ich hasse sowas ...

Einmal wird er schon hierherkommen, kameradschaftlich, oder verflixt! Schließlich ist Edgars Karriere ... soll er doch zusehen, daß ... Ich sehe ja auch zu, daß ich eine hübsche Wohnung mit dem bißchen Geld, das er verdient, herrichte ... Wenn auch ich Artikel schreiben würde? Oh! Ich könnte durchaus besser schreiben als X ... oder W ... die zu uns kommen ...»
Sie steht wieder auf, legt eine raffinierte, aufwendige, orientalische Garderobe an, legt sich wieder hin, raucht und greift erneut zu einem Buch. Zwei Minuten später ist sie in einem Taxi und dann bei einer Freundin: «Mit dem und dem ist man nicht fair! Wie, er ist nicht ausgezeichnet worden? Warum? Oh, wenn ich Artikel schreiben würde, ich versichere Ihnen, denen würde ich schon die Meinung sagen! Und wie!» Sie schweigt, sagt nichts mehr; sie betrachtet, hört zu, langweilt sich. Bei ihrem heutigen bezaubernden, ganz intimen Abendessen sagt sie, ein köstliches Glas Champagner erhebend:
«Schließlich ist das Leben doch gut, warum soll man sich sorgen? Jedermann ist heute abend einverstanden. Warum soll man immer das Gleichgewicht suchen?»
Wenn ihre Freundinnen gegangen sind, führt sie beim Entkleiden gegenüber Edgar ihre Pläne

aus, legt den Finger auf die wunden Punkte ihrer Situation, der Situation im Ministerium, zeigt richtige Ansichten über die Außenpolitik: «Nun, wofür entscheidest du dich? fragt der Gatte – Ja, wir müssen umziehen ..., oder doch wenigstens die Kommode zwischen die beiden Fenster stellen und die Wand für eine Verbindungstür zwischen der Küche und dem Eßzimmer aufbrechen. – Geh und sprich mit dem Vermieter – Ich? ... Oh, nie im Leben, mir ist das alles viel zu schnuppe, um mich deswegen aufzuraffen!»
Nun begegnet Arlette doch tatsächlich eines schönen Tages in einem Konzert klassischer oder moderner Musik einer Dame aus Amerika. Und die Dame und Arlette fassen die zärtlichste Freundschaft zueinander. Arlettes Launen werden für «Originalität» gehalten, ihre Unbekümmertheit für «Philosophie», ihre vagen Pläne für «edles Streben». Die amerikanische Dame ist über die recht mittelmäßige Lage ihrer Freundin betrübt. Sie wird sich um Edgar kümmern. Und richtig, Edgar ist nicht mehr der Sekretär eines Ministers, sondern steht jetzt an der Spitze einer Industriefirma: bei ihnen bricht der Reichtum aus. Arlette wird nun endlich im Schlafwagen reisen können. Aber nein, sie bleibt liegen, raucht Zigaretten und geht mit den neuen Büchern hart

ins Gericht. Nur hat sie sich auf das Opiumrauchen verlegt, ein teures Vergnügen.

Die Damen der dritten Dekade.
Die Damen der Waage leben in der Gesellschaft und ihre Freuden werden von den anderen geteilt. Diejenigen der dritten Dekade herrschen in der Gesellschaft. Sie organisieren königinnenhaft die Vergnügen und scheinen nur hierfür zu leben. Bei Alice Chevalier (die sich Chevalier des Ormes, nach dem Namen eines Grundeigentums in der Provinz, nennen läßt) sind alle Leuchten mit rosa Tüll gedämpft, sogar die Kerzen. Bei Tisch sitzt ein Dichter, den man nicht um seine Verse bittet, sondern aus dem man Zitate holt, die für ihn und für die anwesenden Personen schmeichelhaft sind, denn sie sind kurz.
Wie zufällig schätzen die Tischgäste die Dichtung, und jeder geht daran, eine unbekannte Strophe, eine unentdeckte schöne Metapher zu zitieren; eine Merkwürdigkeit aus gewissen exotischen Gebräuchen, ein Gesang, für den sich ein Musiker einen Augenblick feinsinnig ans Klavier begibt. Die Atmosphäre ist so köstlich, daß man gar nicht an das Essen denkt, das noch köstlicher ist. «Welchen Zauber doch die Leute von Welt verbreiten! sagt jemand zu mir. –

Ahem! ... Das kommt darauf an, welchen und von welcher Welt!»

Sie würden gern einen so angenehmen und wahrscheinlich in Paris einzigartigen Salon wieder besuchen. Sie kommen wieder vorbei, doch das Haus ist verschlossen, Madame ist in Persien. Mit ihrem Herrn Gemahl? Welcher Gemahl? Ja, es gibt da einen Monsieur Chevalier irgendwo im Kohlenrevier, wo er viel Geld verdient. Madame ist das herzlich einerlei; sie hat nie andere Pflichten gekannt als diejenigen einer guten Gastgeberin; sie ist in Persien mit ihrem Liebhaber, einem sehr feinen jungen Mann, der sie trotz ihrer mit Anmut getragenen fünfzig Jahre anbetet. Sie ist mit wenig, aber sehr geschickt genutztem Gepäck verreist: ein Maximum an Komfort, ein Minimum an lästigen Koffern, wenig und sehr schlichte Garderobe. Ich habe von Madame Chevalier (des Ormes) in Paris gesprochen: «Ja, das ist eine Frau mit viel Geschmack und sehr gewandt: sie hat ihr Leben egoistisch und klug eingerichtet. Sie legt ihr Geld sehr gut an und verzichtet auf nichts für irgend jemanden, nicht einmal für ihren Sohn, der ihre größte Leidenschaft ist und den sie hübsch zu Hause läßt, wenn sie einen Liebhaber hat oder eine Reise machen muß.

Geben Sie acht, stören Sie nicht das kleinste ihrer Vergnügen, ihrer Vorhaben, gehorchen Sie ihren Launen, andernfalls wird sie sich schrecklich rächen; sie wird dann eine abgefeimte Boshaftigkeit zeigen und eine Rache, die in keinem Verhältnis zur angetanen Beleidigung steht, genießerisch auskosten.»

SKORPION

21. Oktober bis 21. November
Zweite Wohnung des Mars
und Wohnung des Pluto
Dreiheit des «Wassers»

ANALOGIEN

Der Hund, die Schlange, der Wolf, der Keiler die Ratte, der Hecht, der Krebs, die Eiche, der Apfel, die Rübe, die Kresse, der Lauch, der Rhabarber, der Löwenzahn, die Gladiole, die Erde, das Fleisch, der Rost.
Die Schlachtereien, die Glutöfen.
Die Soldaten, die Jäger, die Schlachter, die Piraten. Die Tollkühnen, die Grausamen, die Choleriker, die Gottlosen, die Arglistigen, die Arroganten, die Zeterer.
Die Gifterzeugung.

STEINE: der Granat, der Jaspis, der Porphyr.

METALL: das Eisen.

FARBEN: (grell): Hochrot.

GESCHMACK: scharf und heftig.

DUFT: die Heide, der Sandel.

KLANG: die Trommel.

PERSÖNLICHKEITEN: Boileau, Lyautey, Danton, Moltke, Barbey d'Aurevilly, Rodin, Picasso, Forain, Léon Daudet, Giraudoux, Paul Valéry.

DER SKORPION LIEBT den Stier, steht in Einklang mit dem Krebs und den Fischen, verträgt sich mit dem Steinbock und der Jungfrau, liebt nicht den Wassermann und den Löwen, verträgt sich nicht mit dem Widder, dem Schützen, den Zwillingen und der Waage.

EMBLEM: «Ein Mann, der einem Wolf die Eingeweide ausnimmt (Festigkeit in den Vorsätzen und Kaltblütigkeit im Handeln).
Die elementare Natur des Skorpions ist reptilhaft. Er symbolisiert die große Fortpflanzungskraft, die intraatomare Energie, die Kraft des Samens und den Sexus. Die sexuelle und leidenschaftliche Härte des Skorpions wird durch seinen giftigen Stachel deutlich, allerdings sind zwei weitere symbolische Attribute weniger bekannt: der Adler und die Taube, wobei der erstere den Aufschwung des Gedankens (der uner-

reichbar bleibt), die letztere den Heiligen Geist bedeutet. Erst in diesem letzten Stadium erscheint der Skorpion menschlich und erschreckt nicht mehr. Der Skorpion ist ein Lebens- und Todesprinzip. Seine Anlagen sind extrem und widersprüchlich. Der Geist ist revolutionär, hat eine Vorliebe für das Zerstören, um dann wieder aufzubauen und sich dabei zu stärken. Der Skorpion symbolisiert ‹das Geld›.»

QUALITÄTEN: Logik, Wille, Widerstandskraft.

SCHWÄCHEN: Grausamkeit, Eifersucht, Unnachgiebigkeit.

Instinktive, leidenschaftliche, unerbittliche Natur, die Sinn für die prosaischen Dinge des Lebens hat und sich nie entmutigen läßt.
Menschen aus einem Guß, hart gegen andere wie auch gegen sich selbst.
Gespür für das Reale, die Materie, alles Handfeste. Keine Philosophie, Träumerei und Kontemplation. Ein schlichtes, aber robustes Bewußtsein. Alle «Arbeiter».
Es sind keine Ideologen, sondern Vollstrecker. Sie sind Herren ihrer selbst ohne Ängstlichkeit.

Die Gefühle rühren sie wenig und verändern nicht den Ausdruck ihres Gesichts.

Indes ist der Charakter sehr reizbar. Sie haben immer etwas Aggressives in der Gestik wie im Blick.

Sie können autoritär sein und befehlen. Großer psychologischer Einfluß auf andere. Sie verstehen zu Untergebenen zu sprechen.

Starker instinktiver Zug.

Feines Gespür für Gut und Böse, für das, was rechts und was links ist.

Sie lesen wenig und verlassen nie ihre Geleise.

Sie neigen dazu, das zu verspotten und zu verachten, was sie aus Mangel an Phantasie nicht verstehen. Tendenz, die Grenzen ihres Fassungsvermögens mit den Grenzen der Natur zu verwechseln.

«Die Intelligenz, sagt Balzac bei der Beschreibung einer Skorpionpersönlichkeit, kann sich durchaus auf einem Punkt der Kreislinie gut halten, ohne die Fähigkeit zu haben, deren Fläche zu umfassen.»

Sie besitzen wenig Geschmeidigkeit und passen sich schwer den Umständen an.

Schroffes Verhalten. Krude, aber offene Sprache.

Sehr schweigsam über ihre Geschäfte.

Sie haben viel Ehrgeiz und sind Arrivisten.

Ungewöhnliche Widerstandskraft. Sie sind willensstark und eigensinnig. Sie bekommen nie «weiche Knie». Beharrlichkeit in guten oder üblen Vorhaben.

Elegant und sauber.

Kindliche Fröhlichkeit.

Bleibt stumm, wenn er gefaßt wird.

DIE SKORPIONFRAU läßt oft an die Gottesanbeterin denken, die das Männchen nach dem Koitus und manchmal vorher auffrißt (Nonnen, Vestalinnen und Amazonen. Südamerikanische Frauen. Sexuelle, gefühllose Schönheiten. Spanische Frauen: die Mantilla oder das Kloster). Dann gibt es darunter auch wilde Mütter mit stechenden Dolchaugen. Die in ihrer mütterlichen und sexuellen Natur rauheste Frau des ganzen Tierkreises.

KÖRPERLICHE KRANKHEITEN: Die Franzosenkrankheit. Priapismus. Erkrankungen der Genitalien. Epidemien, Pestkrankheiten, Cholerapusteln, Blutsturz, Frenesie.

MORALISCHE KRANKHEITEN: Unerbittlichkeit, Respektlosigkeit, Gottlosigkeit.

Eckiges Gesicht mit kantigen Zügen, brauner, etwas erdiger Teint. Stirn breiter als hoch, mit Unebenheiten, oft von tiefen Falten durchzogen. Die Augen sitzen oft tief und glänzen, der Blick ist schroff und sicher. Das obere Lid ist unter der Augenhöhle verborgen. Gerade, recht kurze Nase, breiter Nasenrücken, an ihrer Spitze sehr eckig. Ernster geschlossener Mund. Die Stimme dumpf und rauh. Sichtbare Kieferknochen. Die Haare blauschwarz, dicht und fettig.
Kräftige Gliedmaßen.
Sicherer Gang.
Ihre Kraft liegt in der Hand.

Das LIVRE D'ARCANDAM sagt:
«Er wird schön sein, im Schmuck; er wird glänzende, kleine und düstere Augen haben; die Wangen mager und ausgemergelt. Er wird zum Widerspruch neigen, im Guten wie im Schlechten. Manche sagen, daß die gegen Ende dieses Sternzeichens Geborenen keinem Geschlecht zugehören oder allen beiden, sowohl dem männlichen als auch dem weiblichen.
Er wird zu Reichtum gelangen durch den Handel mit schäbigen und wenig vorzüglichen Dingen.»

SKORPION

ERSTE DEKADE: 21.Oktober bis 31.Oktober
Steinbock, Mars, Skorpion.
Ärmliche Eleganz. Bescheidenes Genie. Graziös auch mit einer dicken Nase und großen Ohren. Genialer Caliban (wenn Genie vorhanden). Sich ständig in gefälligen Reden ergehend; der Stolz zeigt sich danach in Gestalt von Klagen. Der Widerstand verlangt ihm eine enorme Anstrengung ab, und er widersteht. Schwer zu durchschauen mit dem Schein, es nicht zu sein. Verbessert sich ständig selbst. Alles durch den Kampf.

ZWEITE DEKADE: 31.Oktober bis 11.November
Wassermann, Sonne, Skorpion.
Lüstern. Vielredner. Launenhafter Charakter. Hinterhältigkeit unter der Maske der Freundschaft. Prahlhans.

DRITTE DEKADE: 11. bis 21.November
Fische, Venus, Skorpion.
Eine Art Demut, die sich in Höflichkeit kleidet. Einsilbig und dann plötzlich unerträglich geschwätzig. Frivol, geil.

SÄTZE DES TAROT, die den *Dekaden des Skorpions* entsprechen:

Erste Dekade: 21.Oktober bis 31.Oktober
«II II der Kelche».
Erfüllung der Hoffnungen des Herzens nach Hindernissen, die andere in den Weg gelegt haben. Feste und dauerhafte Liebesbeziehungen.

Zweite Dekade: 31.Oktober bis 11.November
«Ritter der Schwerter».
Symbol der Gefahren. Fährnisse durch Eisen und durch Feuer. Offener, erbitterter Haß, der stets darauf bedacht ist, zu schaden.

Dritte Dekade: 11.November bis 21.November
«II II der Münzen».
Glückliches Gelingen in Geschäften. Festigung erworbener Reichtümer.

PLUTO

Eine mittelamerikanische Gottheit, die in Zusammenhang mit der Sintflut im *Popol-Vuh,* dem heiligen Buch der Quichés, erwähnt wird:

«Hurakan», der Geist des Abgrunds, der Gott des Sturms, aus dem unser Wort «Orkan» stammt, scheint wunderbar die zerstörerische Kraft Plutos zu symbolisieren.
Eruptive und verhängnisvolle, in allem unersättliche Natur.

Ein Individuum, das sich für den Nabel der Welt hält (das unterirdische Feuer), beständig in Aufruhr, aggressiv, scharfzüngig, ungesellig, zutiefst unsympathisch.
Pluto weist die Doppelnatur von Saturn und Mars auf und darüber hinaus die magische Faszinationskraft des Uranus.
Die Natur Plutos nähert sich eher Uranus als Neptun, tatsächlich zeigt Pluto einen überscharfen kritischen Sinn und eine Vorliebe für die bis zum äußersten getriebene Analyse, wohingegen Neptun kontemplativ und mystisch ist und zur Synthese neigt.
Der plutonische Mensch ist vielleicht ein Neuerer, doch in jedem Fall und vor allem ein Zerstörer.
Pluto ist der große Unheilstifter par excellence.

DIE DAMEN IM ZEICHEN
DES SKORPIONS

Eine große Sängerin, ein Alt, vertraute mir eines Tages an: «Ich singe, um mich selbst zu erkennen. Je mehr meine Stimme aus meinem Bauch kommt und mir meine Hüften zerreißt, desto mehr habe ich den Eindruck, daß ich mich von einem in mir wohnenden Geheimnis löse. Beim Autofahren sieht man an den Straßen alte Weiden, deren Holz als Folge des Alters offenliegt – ich beneide sie. Ich möchte, daß mir eine Axt meine Brust spaltet, damit ich mich endlich selbst schaue und die anderen mich schauen. Ich soll grausam sein. Das ist durchaus möglich, Monsieur ... Die Welt ist mir lästig, ich möchte allein gelassen werden, damit ich mich selber erforsche und mich finde. Was hat man über mich zu sagen. Bin ich nicht immer gewissenhaft, ehrlich, zartfühlend gewesen? Ah! Meine Stimme, Monsieur, sie dient mir dazu, das übrige zu begehren. Welches übrige? sagen Sie ... Aber der Haß auf die Männer, die Liebe, der kein Mann würdig ist und all diese Kraft, meine alles verwirrende Kraft, das ist die Klarheit meines Urteils und das Schicksal jener berühmt-berüch-

tigten Aussprüche, die mir soviel Feinde gemacht haben. Denn Feinde habe ich, Monsieur! ... Ich bedaure es, kein Mann geworden zu sein ... Ich glaube, daß ich umfangreiche Studien getrieben hätte: ich hätte die Geheimnisse der Natur und der Menschen durchdrungen.»
Diese Frau war Ende Oktober geboren. Andere Frauen des gleichen Zeitraums, die nicht die Kunst besitzen, sich von dem Kummer über sich selbst zu befreien, stürzen sich in leidenschaftliche Liebesabenteuer, wieder andere in den Ehrgeiz, bei dem ihnen ihre Hartnäckigkeit und ihre Vorsicht dienlich sind.
Vor etwa zwanzig Jahren verkehrte ich mit einem Doktor, der selbst recht mysteriös war und der mit einer noch mysteriöseren Schwester zusammenlebte. Meine Freunde und ich nannten sie die «femme fatale» oder «Jean Lorrain». Ihre Ringe schienen voller unbekannter Gifte. Ein hochgewachsenes, sehr brünettes Mädchen war es, das alles gelesen zu haben, alles zu wissen schien: sie verriet nicht ihre Geheimnisse, soweit sie solche hatte, bewahrte eine gleichsam priesterliche Würde, eine übertriebene Zurückhaltung gegenüber ihren intimsten Bewunderern. Wenn sie einmal redete, so waren es herbe Kritiken, scharfe oder durchdringende Worte,

eine Anklage an diesen oder jenen von uns. Aber wenn man sich am darauffolgenden Tag von ihrer Meinung überzeugt zeigte, hatte sie auf einmal die ihre gewechselt, und plötzlich war man selbst derjenige, gegen den sich ihr lapidarer und beißender Witz richtete. Man gefiel ihr nur, sofern man ihre Würde achtete. Wir bemerkten mehrmals, daß sie eine reiche Phantasie, viel Scharfsinn und einen praktischen, ja eigennützigen Tatsachensinn hatte. Doch nein, sie war keine Komödienfigur, das wirklich nicht! Manche von uns behaupteten, sie habe eine uneingestandene, unheilbare Krankheit, andere meinten, sie habe heftigen Liebeskummer ... Man verstieg sich sogar zu der Behauptung, die Bande zu ihrem Bruder seien mehr als brüderlich gewesen. Doch eines Nachts gab sie ihre Schweigsamkeit, ihre Würde und Zurückhaltung auf. Nach dem Abendessen, auf den Vorschlag ihres Bruders hin auszugehen, trank sie in den Cafés mit uns, redete viel, geriet mit jedem von uns in Streit, sagte *grobe Worte:* ihr Bruder brachte sie, entsetzlich betrunken wie sie war, in ihr kleines Hotel zurück. «Das ist nicht das erstemal, daß ihr so etwas passiert, sagte er. Sie langweilt sich so sehr!»

Die Damen der zweiten Dekade sind bei gleicher Zurückhaltung und Vorsicht noch unscheinbarer. Ihre Leidenschaften sind weniger stark; ihre Kämpferlaune, ihre Heftigkeiten sind nur noch bloße Verdrossenheit. Statt schonungslos die Gewißheit über sich selbst zu suchen, beschränken sie sich darauf, ihre Würdelosigkeit und Schwäche festzustellen: «Oh! Ich weiß sehr gut, daß ich nicht zähle!» Der Erstbeste verleitet sie zu allen Torheiten, Inkonsequenzen und Verrücktheiten. Die Würde und der Stolz widerstehen, aber die Diplomatie des Zeichens Skorpion ist nur noch weibliche List; die Selbstbeherrschung ist nur schwacher Widerstand gegen die Leidenschaften. Ein gewisses Streben nach dem Guten, nach der Güte weicht vor dem geringfügigsten Einfluß; sie haben Anwandlungen, Kranke zu pflegen, Armen zu helfen, und dann schlägt alles in Übelgelauntheit gegen sich selbst und kleine Grausamkeiten gegen die anderen um. Am Ende ihres traurigen Lebens, in ihrer Trauer und ihrem Unglück finden sie zur Größe, ja zur Majestät.

Mit der dritten Dekade haben wir wieder die Hitze des Skorpions. Oh, roter Skorpion, du Märtyrer deiner selbst! Dies ist nicht mehr die große Sängerin, auch nicht die geheimnisumwitterte «femme fatale», hier ist eine von der Liebe versklavte Unglückliche. Ihre rauhe Stimme ist nicht müde, vielmehr ist es eine von ihrem eigenen Schmerz verstörte Stimme, die Stimme einer durchaus lebendigen, starken Besiegten. Der Mann, dem sie folgt, den sie liebt, den sie aus Bewunderung nachahmt, ist ein großer Arzt, der zuerst ihr Lehrer und Meister war. Sie dient ihm wie eine Sklavin, sie verändert ihre eigene Persönlichkeit, ihre eigenen Vorlieben, um ihm zu gefallen: sie spürt zuinnerst, wie wenig sie auch nur einem seiner Blicke würdig ist, überglücklich, daß er ihre Anwesenheit duldet. Dieser Mann hat nur einen Rivalen in ihrem Herzen, nämlich ihr Verlangen nach Erkenntnis, nach Erkenntnis der Natur der Dinge, auch nach Erkenntnis der Geheimnisse des Himmels. Diese von Leidenschaften Geschüttelte ist eine große Gelehrte, wer würde das von ihr vermuten, wenn man sie so armselig gekleidet sieht und die ein äußeres Zeichen ihrer Würde nur im Reden vor ihren Schülern wiederfindet (denn sie hat Schüler, die von ihrem dunklen Blick gebannt sind)? Dann ist sie sublim, stark und stolz. Sie wird nie Berühmtheit erlangen, nicht, daß sie nicht gewandt wäre, sie ist es durchaus, sondern weil sie nicht an den Ruhm denkt, so ergeben sie ist ihren beiden Leidenschaften: diesem Mann und der Wissenschaft. Und sie ist ganz auf sich allein gestellt: Eine Dame, die zu Besuch in ihr Laboratorium gekommen war, fragte sie: «Fräulein X..., wo kann ich sie finden? – Das bin ich, gnädige Frau!» Fräulein X..., die große Gelehrte, war barfüßig in ihren Schlappen und trug keine Bluse unter ihrem Kittel. Die Dame schaute so enttäuscht drein, daß Fräulein X... ein heiseres und sarkastisches Lachen ausgestoßen und ihr frech den Rücken gekehrt hat. Nicht wahr, Sie erkennen den Skorpion in dieser groben und spöttischen Art wieder. Fräulein X... kennt nur ihre beiden Leidenschaften. Die Kollegen bewundern die Schönheit ihres Lebens und wissen nichts von dem Krebs, der sie aufzehrt: diese wilde und stumme Liebe.

Doch gegen das vierzigste Lebensjahr muß sie wohl oder übel die Männer und das Geld, die Pfründe annehmen. Sie hat sich einen Lehrstuhl an der X... Schule geben lassen, weil es ihr Lehrer gefordert hat, und sie gehorcht ihrem Meister, doch als sie Zeuge gewisser unschöner Winkelzüge geworden war, hat sie ebenso überlegt wie überraschend ihren Rücktritt eingereicht, und das hat ihr Meister nicht verhindern können. Man hat sie «verrückt» gescholten, man hat über das, was man ihren «Stolz» nannte, gelacht. Nun kann aber bei ihr nicht im geringsten von Stolz die Rede sein, vielmehr von Demut, der nur ihr Idealismus gleichkommt: *sie lebt mitten im Himmel und dieser Himmel ist eine Hölle.* Das ist der Skorpion in seiner dritten Dekade, der schreckliche und leidende Skorpion, der Skorpion als Henker seiner selbst und vom Unglück verfolgt, das er selbst auf sich herabbeschwört.

Der kränklich gewordene Meister entschließt sich, seine Schülerin zu heiraten. Die Schülerin pflegte den Gatten mit der Hingabe einer Heiligen: er starb und bürdete ihr Pflichten, Schulden und ungeordnete Manuskripte auf. Ihr ganzes Leben war von nun an nur noch dem Andenken des Meisters gewidmet. Fünfzehn Jahre später wurde sie eines Nachts tot aufgefunden, den Kopf über einer vom Meister geschriebenen Seite: Die Legende, die an der Sorbonne über sie umgeht, behauptet, daß man auf ihrem Leib einen mit spitzen Nägeln versehenen Gürtel gefunden hat. Natürlich glaube ich nicht an diese aus der Versenkung geholten barbarischen Sitten des Mittelalters. Heute ist ihr Ruhm sehr groß. Ich kann ihren Namen nicht preisgeben, aber seien Sie versichert, daß diese Romanskizze aus der geschichtlichen Realität stammt.

SCHÜTZE

21. November bis 21. Dezember
Erste Wohnung des Jupiter
Dreiheit des «Feuers»

ANALOGIEN

Der Windhund, der Fox-Terrier, das Zebra, der Hirsch, der Auerochse, die Esche, der Sperling, die Quitte, die Birne, der Pfirsich, das Eisenkraut, die Nelke.
Die Gestüte, die eleganten Sportarten, die privilegierten und mondänen Stätten, die Luxusgegenstände aus Leder.
Die Dandys.
Die Beamten.

STEINE: der Hyazinth, der Karfunkel.

METALL: das Zinn.

FARBEN: (fröhlich, lebhaft und gesund): die Gelbtöne.

DÜFTE: die Bergamotte und die Zitronatzitrone, die Hyazinthe.

KLANG: das Saxophon.

PERSÖNLICHKEITEN: Berlioz, Milton, Swift, Michelet, Heinrich Heine, Hérédia, Pierre Louÿs, Flaubert, Lucien Guitry, Léo Larguier, Churchill, Chardin.

DER SCHÜTZE LIEBT die Zwillinge, steht in Einklang mit dem Widder und dem Löwen, verträgt sich mit der Waage und dem Wassermann, verträgt sich nicht mit dem Stier, dem Steinbock, dem Krebs und dem Skorpion, mag nicht die Jungfrau und die Fische.

EMBLEM: «Musketier, der Kunstgegenstände raubt, auf einem galoppierenden Pferd» (religiöse Gefühle in einem aufrührerischen Herzen). Die Symbolik ist eine doppelte. Die Büste des Mannes zeigt die Achtung vor dem Gesetz und vor der bestehenden Ordnung: der religiöse Geist; der Leib und die Füße des Pferdes: der Aufstand des wilden Tieres.

QUALITÄTEN: Selbstachtung, Ungezwungenheit, Galanterie.

SCHWÄCHEN: Prahlerei, Snobismus, Eigendünkel.

SCHÜTZE

Ungestüme Natur, die eine Vorliebe für das Risiko, den Wettkampf, das Rennen um den Triumph hat und die einen eisernen Optimismus besitzt.

Einladendes und freundliches Äußeres; viel Schwung und Selbstsicherheit.

Sie sind höflich, sanft und «werbend». Helle und vibrierende Stimme; anziehend durch ihr Reden.

Sie lieben die Gesellschaft und sind um deren Meinung besorgt. Auf Formen, den guten Ton, die feinen Dinge bedacht. Beachten Rücksichten und Rangordnungen.

Egoistisch und loyal. Urbanität und Galanterie. Sie sind lebhaft, entscheiden sich rasch und gutgelaunt. Sie sagen mehr als sie eigentlich sagen wollten.

Ständig auf der Lauer nach dem Effekt, den sie hervorrufen. Sie sind weniger um ihren Wert als um ihre Wichtigkeit besorgt.

Das Bestreben, sich selbst und den anderen die bittere Pille zu versüßen: sie sind Vertreter ersten Ranges. Es gelingt ihnen mühelos, sich selbst zu überzeugen.

Sie stellen gern Fallen.

Sie lieben das Risiko und Gewagtheiten, eine Vorliebe für «Politik und Intrigen».

Der Charakter ist zweischneidig, widerspenstig,

schwer durchschaubar. Da ist immer ein gewisser Vorbehalt gegenüber den anderen wie auch gegenüber sich selbst.

Die Person des Schützen verhehlt ihre Absichten und verkleidet ihre Ideen wie ihre Gefühle. Sie handelt damit aus Dandytum, aus Streben nach Haltung und Eleganz; auch um sich nicht zu kompromittieren. Daher eine ausgesprochene Vorliebe für Künstlichkeit und Maskerade, die sie in der Öffentlichkeit abgehoben erscheinen läßt, nichts ernst und schon gar nicht tragisch nehmen läßt. Sie gibt vor und hält es für guten Ton «nie zu glauben, daß es geschehen ist».

Sie legt in jeder Lage Wert darauf, «losgelöst» zu erscheinen.

Offensichtliche Charakterschwäche, dann plötzlich Kühnheit, manchmal gar Ungestüm. Kann Feuer und Flamme sein, sich bei jeder Gelegenheit etwas vormachen. «Sehr empfänglich für Illusionen.» Klarer Kopf, der die neuen Ideen, die neuen Lebensmöglichkeiten liebt und sich anverwandelt. Ein eher rascher und brillanter als tiefschürfender Verstand. Sie erfassen nichts in der Tiefe; sie schauen alles in der Ausdehnung und gefallen sich in Abstraktionen.

Gabe, die Lebensprobleme zu meistern. Lebensfreude. Sie bleiben lange in der Seele jung.

Die Lust am «Spiel» in allen seinen Formen. Vorliebe für die Zerstreuungen, den Schmuck, den Tanz, sie suchen die Gesellschaft, das Vergnügen, die Leichtlebigkeit. Neigung zu allem, was den Menschen von seiner Beschwernis löst. Ständigen Schwankungen unterlegenes Vermögen.

Freundliches Benehmen, das plötzlich schroff und mißtrauisch werden kann aus Besorgnis über schlechte Nachrede. Bald schweigsam, bald redselig.

Sie haben in allen Berufen Erfolg, wo man in Kontakt mit anderen steht. Vorliebe für das Paradoxe und für verlorene Fälle, sich dieser in ritterlichem und loyalem Geist anzunehmen.

DIE SCHÜTZEFRAU ist geheimnisvoll, ungestüm, elegant, von der Gesellschaft und dem Abenteuer in all seinen Gestalten angezogen. Sie liebt leidenschaftlich das Risiko und das Spiel. Sie versteht es mit der gleichen Leichtigkeit, ein Pferd oder einen Mann zum Springen zu bringen. Sie ist sportlich in jeder Lage, etwas schnippisch und nicht ohne Eigendünkel, was sie nicht hindert, im allgemeinen ihr Ziel zu erreichen.

KÖRPERLICHE KRANKHEITEN: Leber- und Gewebekrankheiten. Plethora, Schlaganfall.

MORALISCHE KRANKHEITEN: Geziertheit.

Ovales Gesicht. Großes Gesicht für einen zierlichen Kopf. Die Stirn ist schön, ohne Falten. Die seitlich fallenden Augen sind freundlich und empfindlich; der Blick unverstellt, offen, von Festigkeit und Wohlwollen zeugend. Die Nase ist gerade. Wallendes Haar, aber häufige und recht frühe Kahlköpfigkeit. Glückliches Gesicht. Der Körper ist wohlgeformt. Die Haut riecht angenehm. Im Alter Bauchansatz.
Ihre Kraft liegt in der Ungezwungenheit.

Das LIVRE D'ARCANDAM sagt:
«Er wird Katzenaugen haben: er wird kahlköpfig und gutaussehend sein.
Er neigt zur Unzüchtigkeit und insbesondere wird er Verkehr mit drei Frauen haben: doch in keinem Fall wird er seinen Samen ausstoßen, weil ihn die Natur daran hindert oder sie gehindert wird.
Darüber hinaus wird er zur Völlerei neigen und vor allem große Mengen Gemüse essen, das er mit den Fleischgerichten liebt.

In gesellschaftlichen Dingen wird er Erfolg haben und sein Gefallen daran finden. Er wird von bösen Geistern geplagt werden.»

ERSTE DEKADE: 21.November bis 1.Dezember
Widder, Merkur, Schütze.
Scharfer, standhafter und fester Geist. Liebt die Weisen und jene, die Umgang mit ihnen pflegen. Sehr schlemmerhaft, doch die Schlemmerei ist nobel. Liebhaber feiner Sachen.
Überspannt in Ehrenangelegenheiten. Stolz, Streitereien aus Stolz. Lüstern mit Anfällen von Impotenz. Er wird von bösen Geistern geplagt.

ZWEITE DEKADE: 1.Dezember bis 11.Dezember
Stier, Mond, Schütze.
Er wird viel durch Waffengewalt erringen, im Guten wie im Schlechten.
Fehlende Urteilskraft. Ihr ganzes Leben hat etwas Kindliches, etwas Frisches. Sie spielen gern und amüsieren sich, leicht-behend zum Laufen.

DRITTE DEKADE: 11. bis 21.Dezember
Zwillinge, Saturn, Schütze.
Unordentliches Leben. Große Fähigkeiten, sich zu verteidigen. List. Schlagfertigkeit. Necklust.

Liebt die Gesellschaft, die Flasche, tätschelt die Frauen, beschützt die Künste.

Verachtung für die Frauen. Der lachende «Herr und Meister».

Hat als Zeichen des Widerstandes ein Eisenwerkzeug vor seinem Vater in den Boden gerammt: «Niemals! ... Niemals!»

Die SÄTZE DES TAROT, die den *Dekaden des Schützen* entsprechen:

Erste Dekade: 21.November bis 1.Dezember «V der Kelche».

Verwirrung, die von einem geliebten Wesen kommt.

Störung, die mitten in einen erreichten Zustand getragen wird.

Liebesgefahren. Fährnisse durch eine Frau.

Zweite Dekade: 1.Dezember bis 11.Dezember «Bube der Schwerter».

Große Gefahren: dunkle Feinde, Komplotte, Hinterhalte.

Vorsicht und Umsichtigkeit notwendig.

Dritte Dekade: 11.Dezember bis 21.Dezember «V der Münzen».

Verschleudertes oder stillgelegtes Vermögen.

Beraubungen. Entwendete Erbschaften.
Ein Gewinn wird einen Verlust ausgleichen.

DIE DAMEN IM ZEICHEN DES SCHÜTZEN

«So ein Widerspruchsgeist
- Na, das hoffe ich doch.
- Dickkopf!
- Wenn ich ein Widerspruchsgeist bin, habe ich keinen Dickkopf.
- Stellen Sie sich hinten in die Ecke des Klassenzimmers.
- Warum nicht? Ich sehe dann weniger Ihr gemeines Gesicht.
- Hinaus Fräulein!
- Sie sind nicht bei sich zu Hause, daß Sie mich einfach hinausjagen könnten. Die Schulen gehören weniger den Lehrern als den Schülern.
- Ich werde mich über Sie beschweren.
- Man weiß, wer ich bin und wer Sie sind.
- Dann werden Sie also nicht griechische Geschichte lernen?
- Ich habe Ihnen doch gesagt, daß mich nur die Modernen interessieren.

– Gut! Ich beachte Sie dann nicht mehr.
– Habe ich je etwas von Ihnen verlangt?
– Ah! Das fängt ja gut mit Ihnen an!
– Ich werde weiterhin dazu stehen!»
Sie war zwölf! Sie hat dazu gestanden. Mit achtzehn verwandelte sie den Bauernhof ihres Vaters in einen landwirtschaftlichen Schulbetrieb, wich weder vor der Präfekturverwaltung noch vor den Hygieneinspektoren zurück, auch nicht vor den Landwirtschaftslehrern, die sie in ihrem Beruf unterrichtete; mit 25 Jahren schuf sie eine feministische Bewegung unter den Landfrauen im Departement X..., machte Kolonialwaren heimisch, richtete im Dorf ein Krankenhaus ein, nach vorangegangenen Spendenaufrufen unter den Bewohnern, gegen deren Geizigkeit sie mit prägnanter Rhetorik voll klarer Argumente ankämpfte, dabei ihre Feinde nicht schonte und sie mit geistreichen Bemerkungen lächerlich machte, an die man sich immer noch erinnert. Sie ging, bequem und kostbar gekleidet, nach Amerika und England, kam mit selbst aufgenommenen Photographien der neuen Techniken zurück, die sie streng anwendete. Sie kaufte Wälder, stellte Sägearbeiter ein und organisierte ein System von Lastwagen und Telefonen. Sie hat spät einen Künstler, einen Träu-

mer, geheiratet; sie hat sich scheiden lassen, «weil er wirklich zu dumm war», wie sie zu den Richtern sagte. Sie hat von ihm zwei Kinder, die sie wie Gleichberechtigte, wie Kampfgenossen behandelt und die sie ausgezeichnet erzieht: «Sie mögen im Leben tun, was sie wollen; nur Männer sollen sie sein!» Ihr ganzes Leben lang hat sie Prozesse geführt. Mit 60 Jahren ist sie gestorben, riesige blühende Güter hinterläßt sie, ein großes Vermögen, das sie ohne Umschweife genossen hat. Sie liebte die Kunst, besaß eine Bibliothek, Zeitschriften, Zeitungen, Grammophone mit den besten Schallplatten, sie verkehrte mit intelligenten Leuten ohne Vorurteile gegenüber Kasten, wenn sie dabei nur Vergnügen oder einen spirituellen Gewinn hatte. Sie war Feinschmeckerin, hielt ein wachsames Auge auf die Küche, allerdings eher auf die Qualität der Speisen als auf die Soßen. Der große Fehler ihres Lebens war eine zweite Ehe mit einem sehr viel jüngeren Mann, der sie betrogen hat: sie hat sehr darunter gelitten und dies ist auch ihr Tod gewesen: sie hatte trotz eines schrecklichen Herzanfalls die Nacht mit dem Abfassen ihres Testaments verbracht, das ein Meisterwerk an Genauigkeit und juristischer Klugheit darstellt.
Der Schütze hat eine diskrete Ausstrahlung: Die

Damen der ersten Dekade unterdrücken mühsam diese Sanftheit, die sich nur in der Intimität entfaltet. Im öffentlichen Leben ist es eher ihr Kampfgeist, der am häufigsten zum Vorschein kommt.

Diejenigen der beiden anderen Dekaden zeigen eher die königliche, gelassene Autorität des Schützen. Wir nehmen als typisches Beispiel für die zweite Dekade eine einfache Vorarbeiterin in einem Schneideratelier und als Muster der dritten Dekade eine Dame von Welt, die auch mit der Polizei zu tun hat. Weshalb nur eine Vorarbeiterin? Nun, weil diese Damen nicht den großen Unternehmungsgeist der Damen vom Ende des Novembers haben: sie können durch ihre sanfte Autorität die Ordnung walten lassen und durch ihre Zähigkeit bei der Arbeit den Vorgesetzten von großem Nutzen sein, ohne sie indes ganz ersetzen zu können. Sie verstehen es, den langen Geständnissen der Arbeiterinnen zuzuhören, die von Madames Mitgefühl bezaubert sind. Letztere weiß immer Rat und ist pfiffig genug, ihnen zu helfen und dabei ihre eigene Karriere zu betreiben: «Madame» ist eine mutige Kämpferin, die sich ein schönes Leben in einer schönen Wohnung geschaffen hat, in der sie gern Gäste empfängt: sie hat ein hübsches Landhaus am Wasser und verbringt ihre Sonntage mit Träumereien über die Geheimnisse der Natur: «Ah, hätte ich nur Zeit gehabt, ich hätte mich mit all diesen geheimnisvollen Dingen beschäftigt. Ich verstehe Johanna von Orléans. Wenn ich mir Mühe geben würde, glaube ich, würde ich auch Stimmen hören..., aber das tut mir weh, reibt mich auf, durchdringt mich und läßt mir die Tränen kommen. Die Religion gibt es jedenfalls. Nun, ich bin ja gut, ich gebe anderen. Oh, ich bin nicht kleinlich und genau! nicht genug, sagt mein Mann». «Madame» ist ein kleines Persönchen, zu klein, mit sehr kräftigem Nacken und Schultern und ein bißchen gebeugt. Sie ist etwas blaß, hat ein Gesicht so groß wie die Faust; sie ist an der Leber krank, hat Rheumatismus ohne es zuzugeben. Sie trägt vor den sehr kleinen Augen ein Binokel und hat eine schöne, breite Stirn und schöne naturgewellte schwarze Haare. Sie ist etwas verlegen wegen dieses zu kleinen Körpers und weiß nie so recht, wie sie ihn präsentieren, wie sie dastehen soll: «Ich war für den Sport geschaffen und ich habe keine Zeit dazu gehabt! Als Kind war ich im Laufen die Erste... Wie man sich doch verändert! Jetzt bin ich ‹Madame›. Ach, meine Arbeiterinnen würden herzlich lachen, wenn ich ihnen sagte, ich würde gern laufen, Diskuswerfen, zu Pferde jagen! Ich war einmal von einer Herzogin zu einer Parforcejagd eingeladen. ‹Man würde meinen, Sie wären ihr Leben lang geritten!› Es war das erste Mal, daß ich auf ein Pferd gestiegen bin. Man hatte mir ein Reitkleid geliehen. Ah, wie herrlich!»

Ich sagte also «Vorarbeiterin» in einem Schneideratelier. Warum eine Schneiderin? fragen Sie. Weil der Schütze alles mag, was sich vor ihm ausbreitet: als Schriftsteller liebt er die langen Beschreibungen; als Architekt die breiten Fassaden. Die schneidernde Schützefrau liebt es, wonnevoll mit der Schere in einen prachtvollen Stoff zu fahren: ich stelle mir vor, daß sie auch gern als «Frau Metzgerin ein schönes Stück Fleisch zerschneiden würde». Der Schütze befiehlt salbungsvoll über Menschen und Dinge, er ist der geborene König, ein guter König wie Henri IV., ein Mann des ungezwungenen und geistreichen Wortes. Mir scheint das alles auch zur Schneiderin zu gehören. Doch wollen wir uns nicht in das poetische Beiwerk verlieren.

«Madame» ist mit einem Buchhalter des Hauses verheiratet, einem Tatsachenmenschen, obendrein eifriger Leser und Sammler. Jedes Jahr fahren sie im Urlaub in die Alpen; Monsieur bleibt in den Hotels und erkundigt sich nach den

Stückpreisen bei den Antiquitätenhändlern, notiert und vergleicht sie.

«Madame» zieht ihre Wanderstiefel an und sucht trübsinnige, verlassene Orte auf, und da weint sie dann still, ohne zu wissen warum, trocknet ihr elegantes Binokel und verbringt den Abend mit dem Schreiben unzähliger Postkarten und langer Briefe. Die Prinzipale achten sie sehr.

Die Dame der dritten Dekade ist sehr elegant; sie stammt aus einer alten Familie und hätte Anspruch auf das «von»; sie denkt aber nicht daran. Sie hat ganz andere Sorgen im Kopf: Ihre zahlreichen Liebschaften, die auf Zeiten der Einsamkeit und fast mystischer Keuschheit folgen. Das Leben ist immer so eintönig! Sie bemüht sich, es abwechslungsreich zu gestalten. Sie reist. Nachts im Eisenbahnwagen wünscht sie sich einen Mörder herbei, ein Abenteuer, bei dem sie genötigt wäre, ihren Revolver zu ziehen. In den Gärten des Spielkasinos in X... sagte sie zu ihrem damaligen Liebhaber: «Ah! Wenn die Diebe doch Intuition hätten! Wenn man bedenkt, daß keiner ahnt, daß ich sechzigtausend Francs in Scheinen in meinem Täschchen habe und daß mein Perlenkollier fünfhundert Scheine wert ist!»

Ein Engländer, den sie liebte, war es, der ihr Eintritt in die internationale Polizei verschaffte. Sie verhehlt es kaum. Sie hat die Unverschämtheit der ganz großen Damen; die Lüge ist eine Kleinmütigkeit, außer wenn es darum geht, seine Haut zu retten, dann wird sie zu einer Waffe. Unter der Anklage des Diebstahls eines Einberufungsbescheids, als sie die Geliebte des Kommandanten X ... war, hat sie mit so viel Natürlichkeit die kindliche Unschuld gespielt, daß sich die unbeugsamsten und schlausten Untersuchungsrichter hinters Licht führen ließen. Man hat Entschuldigungsgründe für diese große Dame von Welt gefunden, die den künstlerischsten Salon in Paris und Besitztümer im Ausland hat. Sie besitzt auch Autos, Schlösser in Frankreich und fast überall Schulden in Millionenhöhe. Sie hat ein langes Jugendlichengesicht, helle und sanfte blaue Augen, Hände wie ein Bischof: Sie lebt! Sie liebt und genießt das Leben! Sie ist ein Kenner von Weinen, Tabak und Schmuck; sie hört gern den Diskussionen der Gelehrten zu, und um ihren Hofstaat in den Städten zu erhalten, in denen sie sich aufhält, gewährt sie Schenkungen, Pensionen, königliche Almosen. Man ist geblendet, niemand wagt sich zu fragen, woher das Geld wohl kommt.

Dieses glänzende Leben ist von einem schrecklichen Drama durchkreuzt worden: sie war fünfzig Jahre alt, man hätte ihr aber dreißig gegeben. Ein Mann wollte ihr keine Briefe verkaufen; daraufhin hat sie einen köstlichen Revolver aus einer köstlichen Handtasche gezogen und ihn kaltblütig getötet. «Ich habe ihn getötet. Fassen Sie mich nicht an, oder ich bringe Sie auch um – Ich werde gehen, wohin Sie wollen!»

Hätte man geglaubt, daß sie, nach mehreren Jahren Haft, als man sie wieder in die Gesellschaft entlassen hatte, wieder empfangen und gefeiert wurde und daß sie den Heiratsantrag abgelehnt hat, den ihr ein amerikanischer Millionär machte! Im natürlichsten Ton – denn niemand ist weniger Schauspieler als diese Frau – hat sie auf ihre Jahre im Gefängnis hingewiesen.

In einem Schloß, wo sie bei Freunden wohnte, übernahm sie es einmal, die Bibliothek zu ordnen und tat es bewundernswert methodisch wie ein professionell ausgebildeter Archivar. Als man sie beglückwünschte, sagte sie ohne zu lächeln: «Sie vergessen immer, daß ich im Gefängnis in Rennes war ... ich war dort Bibliothekar.»

Ein andermal brachte ein täppischer Mensch anläßlich eines Mordfalls, der durch die Zeitungen ging, das Gespräch auf die Verbrechen aus Leidenschaft und die Verblendung der rotsehenden Liebe. Es war bei Tisch und die Gäste waren sichtlich verlegen; die Schützedame begann: «Als ich den armen Adolphe getötet habe, war ich ganz kaltblütig ... ich habe ihn umgebracht, weil er ein Rohling, ein würdeloses Wesen war etc. ...»

Sie lebt noch. Sie ist eine der ältesten Spielerinnen von Monte Carlo; man sagt ganz leise, daß sie ihrem Glück etwas nachhilft, und laut, daß sie noch sehr schöne Verehrer habe. Sie hält jetzt auf ihr Adelsprädikat.

STEINBOCK

21. Dezember bis 21. Januar
Erste Wohnung des Saturn
Dreiheit der «Erde»

ANALOGIEN

Die Ziege, der Bock, die Hyäne, der Maulwurf, der Geier, der Bussard, der Uhu, der Rabe, die Reptilien, der Kaktus, die Aloe, die Artischocke, der Salbei, die Nieswurz, das Bilsenkraut, die Tollkirsche, die Distel, die Tanne, die Zypresse, die Eibe, die Zichorie, die Brombeere, die Mispelfrucht, die Walnuß, der Schwefel, die Kohle, der Jett, der Graphit, das Ebenholz.
Die Philosophen, die Inquisitoren, die Zauberer, die Einsiedler, die Totengräber, die Bettler.
Die Tiefe, die Einsamkeit, die Angst.
Die Abgründe, die Höhlen, die wüsten Stätten.

STEINE: der Turmalin, der Onyx.

METALL: das Blei.

FARBEN: (traurige, dunkle, schmutzige): schwarz, violett, braun, dunkelgrün.

GESCHMACK: bitter.

DÜFTE: die Aloe, die Chrysantheme.

KLANG: der Kontrabaß, der Gong.

PERSÖNLICHKEITEN: Alexander VI. Borgia, Saint-Simon, Molière, Buffon, Champollion, Gustave Doré, Bernardin de Saint-Pierre, Edgar Allan Poe, Cézanne, Sainte-Beuve, Matisse, Edouard Schuré, Kipling, Jack London, Stalin.

DER STEINBOCK LIEBT den Krebs,
steht in Einklang mit dem Stier und der Jungfrau, verträgt sich mit dem Skorpion und den Fischen, liebt nicht den Widder und die Waage, verträgt sich nicht mit dem Löwen, dem Schützen, den Zwillingen und dem Wassermann.

EMBLEM: «ein freundlicher und trüber Greis, der in einem eisernen Kamin schürt». (Geistiges Streben nach Glück in der Einsamkeit).
Der Steinbock symbolisiert die Erde, ihr Gewicht, ihre Geheimnisse, ihr Verhängnis. Das Verhalten der Ziege ist es, «ununterbrochen grasend aufwärts zu gehen». Sie erreicht die Höhen mit stets am Boden haftenden Augen.

STEINBOCK

QUALITÄTEN: Standhaftigkeit, Ausdauer, Tiefsinnigkeit.

SCHWÄCHEN: Hochmut, Kälte, Geiz.

Erdgebundene Natur, die Sinn für das Geheimnis und die Kontemplation hat.
Sie sind ernst, schweigsam und verschlossen. Sie sind trübsinnig und bedrückend. Sie werden alt geboren.
Sie existieren mehr innerlich als äußerlich.
Sie werden mehr vom Tod als vom Leben angezogen.
Sie sehen das Schlechte vor dem Guten. In allem fällt ihnen der schwache Punkt sofort ins Auge.
Geiz, Mißtrauen, Ängstlichkeit. Sie sind pessimistisch und furchtsam. Sie sind in ständiger Furcht, keinen Erfolg zu haben.
Ehrgeizig und mißtrauisch, räumen sie die Hindernisse durch Geduld und Willensanpassung beiseite.
Fehlschläge, Verzögerungen, Überraschungen. Sie haben kein Glück. Sie scheitern in ihren Unternehmungen.
Buße, Reue und ständiges Bedauern.
Sie behalten Beleidigungen in Erinnerung.
Sie geraten schwer in Zorn, dann allerdings sind sie nicht mehr davon abzubringen.

Sie lachen nie oder sehr wenig; in diesem Fall ist ihr Lachen immer sardonisch.

Starke Analytiker. Erstaunlicher Scharfsinn, doch vertiefen sie die Dinge, indem sie sie zerstören, zergliedern, ihnen ihre Essenz und ihr Leben nehmen.

Prosaischer Geist.

Tiefsinniger aber schwerfälliger Geist. Blüht mühsam auf. Sie sind dickköpfig und ausdauernd. Unermüdliche Arbeiter. Sie nutzen jede Gelegenheit, um zu horten oder voranzukommen. Unstillbar in ihrem Kenntnisdrang. Die Geduldsarbeiten; Erforschung der verzwickten und abstrakten Sachverhalte. Lieben Quintessenzen. Ursachenforschung.

Vorliebe für das Restaurieren von Ruinen.

Sie fassen langsam Zuneigung.

Sie haben mehrere Lebenspläne und mehrere Gedanken zugleich.

Sie beleuchten nur Abgründe.

DIE STEINBOCKFRAU ist geheimnisvoll wie ihre Nachbarin vom Schützen, aber in sich zurückgezogen. Es ist Vesta, die Geheimnisvolle und Verborgene, deren geheimes Feuer nur der Großpriester kennt. Sie ist oft von gefühlloser, etwas fataler Schönheit und ergibt sich nur sehr schwer, außer sich selbst. Ihre rechnerische Intelligenz ist groß und verleiht ihr eine Neigung zur Meditation.

KÖRPERLICHE KRANKHEITEN: Krankheiten in den Tiefen des Körpers. Sklerose, Krebs, Tumoren, die Arthritis: Knochenkrankheiten, Ohrenkrankheiten. Die Lepra. Dicke Körpersäfte. Trophische Störungen des Nervensystems. Dermatosen.

MORALISCHE KRANKHEITEN: Fixe Ideen. Verfolgungswahn, Hypochondrie.

Korruption aus Gefühllosigkeit und Kälte. Latenter Tod.
Knappe und zitternde Gesten. Sie gehen gebeugt, die Füße nach innen gekehrt. Mager; die Haut sehr braun, erdfarben, leicht runzlig. Schwarze Haare, oft rabenschwarz oder rötlich. Hohle Wangen, hervorspringende Wangenknochen. Die Augen schwarz, traurig, düster (der Blick des Bergmanns, der aus der Grube fährt). Schmale Lippen. Dünne, hakenförmige und spitze Nase (Dantes Nase). Sehr markanter Adamsapfel. Grobe Knochen. Schmale, behaarte Brust. Kümmerliche, sehr hohe Schultern. Ge-

krümmter Rücken. Knotige und magere Hände, der Mittelfinger spatelförmig. Sehr hervorspringende Fußvenen. Neigen zur Schwerhörigkeit. Untergründig vibrierende, zitternde, etwas tiefe Diktion. Aussprache manchmal stockend. In der Tiefe der Stimme etwas gutturale, rauhe Tönung. Langsamer, undeutlicher und verworrener Redebeginn.

Ihre Kraft liegt in der Tiefe.

Das LIVE D'ARCANDAM sagt:
«Er wird ungläubig, melancholisch und diesseitig sein.

Er wird kein Vertrauen in die anderen haben und die anderen werden ihm nicht trauen.

Er wird alle verachten und viel von sich selbst halten.

Er wird lüstern und ein Liebhaber aller Frauen sein.

Glück in allen weltlichen Werken, die mit großer Mühe vollbracht wurden.

Er wird bei der Arbeit gesünder sein als in der Muße.

Das Ende wird besser als der Anfang sein.»

ERSTE DEKADE: 21. Dezember bis 31. Dezember
Krebs, Jupiter, Steinbock.

Sehr geduldig und hartnäckig. Zu allem fähig, um Erfolg zu haben. Sie gelangen durch Ausdauer ans Ziel, aber Sprosse um Sprosse.

Politischer Geist, doch eine scharfsinnige, nicht hochfliegende Politik. Neigung, die Wichtigkeit des irdischen Lebens überzubewerten.

Geizen mit sich selbst. Beharrlich in Zuneigungen wie in Haßgefühlen. Hohe Meinung von sich selbst.

ZWEITE DEKADE: 31. Dezember bis 11. Januar
Löwe, Mars, Steinbock.
Ständig bekämpfter Tatendrang. Stocknüchterne Natur. Unfähig zur Abstraktion. Alle erdenklichen Anwandlungen, doch Blei an den Füßen. Häufig häuslicher Ärger.

DRITTE DEKADE: 11. Januar bis 21. Januar
Jungfrau, Sonne, Steinbock.
Die Beobachtungsleidenschaft: durchdringender und rascher, äußerst präziser Blick (Sainte-Beuve, Cézanne, Poe, Saint-Simon, Molière, Buffon, Kipling, Champollion).

«Faktotum». Stets in Opposition zu sich selbst. Sie leben im Zustand innerer Leidenschaft, das ist ihre Stärke und zugleich der Ursprung ihrer Fehler.

Die Ereignisse laufen im allgemeinen schlecht an, aber der Ausgang ist glücklich. Sie sind im Abschließen besser als im Beginnen.

Scharfsinn in der Unterscheidung von Einzelheiten, doch fehlt ihnen meist der Überblick und seine Konstruktion.

Vielgestaltiges und zusammenhangloses Leben. Zügellose Moral. Kein haushälterischer Umgang mit sich selbst; sie verschleudern und verausgaben sich als «Feuerwerk».

Sie kennen den Stachel der Perfektion.

Schwierigkeiten, sich zu sammeln, zu beschränken, sich dann zu entschließen.

Immer liebenswürdig und wenig geliebt. Der Wunsch, den Menschen zu gefallen, allerdings mit einer Steifheit, die Abstand schafft. Ungeschickt, aber Grazie in den Ungeschicktheiten.

Ein Kampf zwischen dem Vergnügen und der Pflicht. Anwandlungen von Schüchternheit und Kühnheit. Ungewißheit über die Dinge. Unbeständigkeit in den Unternehmungen. Unentschlossenheit.

Zu jedem sympathisch, doch wenig Freunde.

SÄTZE DES TAROT, die den *Dekaden des Steinbocks* entsprechen:

Erste Dekade: 21.Dezember bis 31.Dezember
«VI der Kelche».
Obsiegende Hindernisse in der Liebe.
Zerstörte Zuneigungen, Im-Stich-Lassen, Brüche.
Unheilvolle Dualität.

Zweite Dekade: 31.Dezember bis 11.Januar
«Königin der Münzen».
Weibliche Schutzmächte können materiell helfen.

Dritte Dekade: 11.Januar bis 21.Januar
«VI der Münzen».
Gefahr, unverhoffte Güter durch schlechte Ratschläge zu verlieren.
Gefahr der Armut im Alter.
Unentschiedene Lage.

DIE DAMEN IM ZEICHEN DES STEINBOCKS

Eine junge Frau mit einer niederträchtigen Seele gilt, sofern sie nur einen frischen Teint, Frivolität und Sinn für Theatralik aufweist, als mit gesundem Menschenverstand und überdem noch mit Charme begabt. Meine Freunde erinnern sich an die Zeit meiner Phantasie über Madame Gagelin, die in *Cinématoma*, im «*Cabinet noir*» und anderswo zu einer meiner Heldinnen geworden ist. Madame Gagelin ist nach dem Vorbild des Steinbocks der ersten Dekade gestaltet worden. Da sie, wenn nicht an die Freuden der befriedigten Eitelkeit, nur an das Geld und die geschlechtliche Liebe denkt, nennt sie sich selbst eine sehr intelligente Frau, und alle sind ihrer Meinung, solange sie jung ist. Da sie ständig Komplimente erwartet und da letztere nach dem Verlust ihrer Schönheit kaum noch kommen, wird sie sarkastisch und bitter und hält sich für spirituell. Diejenigen, die das Pech hatten, auf ihre Meinungen zu hören, bemerken zu spät, daß sie niemals die besagte Vernunft besessen hat, auf die sie sich soviel einbildet, denn sie hat nur Dummheiten begangen. Als sie eines Tages ihrem Sohn Armand den Vorwurf machte, nicht genug Geld zu verdienen, entgegnete er ihr: «Aber liebe Mutter, warum hast du mich dann für die feine Gesellschaft erzogen? Warum hast du mir das Klavierspielen, die Verbeugungen und die ganze, übrigens höchst altmodische Etikette beigebracht?» Nach einigem Überlegen antwortet ihm Madame Gagelin: «Ich muß gestehen, daß ich nicht fähig war, je auch nur einen Pfennig zu verdienen!» Dann fing sie an zu lachen und einen Refrain aus ihrer Zeit zu singen, denn sie hält ihre eingefleischte Sorglosigkeit für Anmut, ihre ständigen Vorwürfe, ihre häufigen Anwandlungen von Reue für wirklichen Ernst, ebenso ihr ewiges «Das ist nicht meine Schuld; wenn ich nicht auf meine Mutter gehört hätte, die ... etc., oder mein Mann, der ... etc.» In Wirklichkeit hat sie aus Eitelkeit ihre Kinder schlecht erzogen und aus übertriebenem Selbstvertrauen hat sie ihre Tochter unter die Haube gebracht. Heute ist sie ein altes Kind, wenn ein Kind so hart und so herzlos sein könnte wie Mutter Gagelin, sofern sie nicht gerade in übertriebenen Freundschaftsbekundungen schwelgt. Heute schützt sie ihr Alter vor, um sich um nichts mehr kümmern zu müssen, und sich auf ihre Kinder verlassen zu können, die sie doch früher in blinder und ungerechter Raserei geschlagen hat. «Eine junge Frau, die sich Eleganz zugute hält ...» sagte sie oft. Ja! Madame Gagelin hielt sich Eleganz zugute. Sie hielt sich auch Selbstlosigkeit zugute. Madame Gagelins Selbstlosigkeit macht mich lächeln, wenn ich daran denke, daß sie immer nur Geld im Kopf hatte ... oder

Garderobe, und was sie «Selbstlosigkeit» nannte, war nur ihre Faulheit und ihre Unfähigkeit. Sie brüstet sich, nicht zu den Leuten zu gehören, die Erbschaften hinterherlaufen. In Wahrheit ist sie zu keinem langfristigen Vorhaben in der Lage. Sie vermag sich nicht einige Jahre lang Zwang anzutun in der Hoffnung, in den Genuß einer Erbschaft zu gelangen. Sie hat sich erst gar nicht die Mühe machen wollen, eine reiche alte Cousine aufzunehmen, um eines Tages von ihr zu erben, und zwar nicht aus Selbstlosigkeit, sondern weil diese alte Cousine ihr kümmerliches, kleines, egoistisches Leben gestört hätte. So ist sie mit Jammern über das ungehobelte Benehmen und die Schuftigkeit dieser Cousine davongekommen. Madame Gagelin erhebt sich nicht höher als ihre Verzweiflung, ihre Ängste, ihre Seufzer, die noch kindischer sind als ihre Koketterie, ihre Anmaßungen und ihr Kastenstolz.

Madame Gagelin hält sich für eine große Dame. Sie sagt: «Mein Hauspersonal! ... diese Leute!...» ohne einen Gedanken darauf zu verschwenden, daß ihre Großeltern weitaus geringer angesehene Bauern gewesen sind als ihr gegenwärtiges «Hauspersonal», ohne auch nur zu ahnen, daß dieses Hauspersonal Vorzüge und einen weit höheren moralischen Lebenswandel hat als der ihre. Aber nein: ihre Hausangestellten sind schmutzig und schlecht angezogen bei ihrer schweren Arbeit. Weiter geht Madame Gagelin nicht. Sie hält sich für eine gute Beobachterin, weil sie ab und zu über ein Urteil aus dem Mund der Köchin verblüfft ist und an dem sie doch Intelligenz erkennt: sie vergißt es schnell. Und weil sie sich einbildet, die Güte selbst zu sein, ahnt sie nicht die Verachtung und den Haß dieser «Leute», die ihrerseits das gesellschaftliche Leben, das Gehabe, die geistigen Pirouetten und Raffinessen nicht kennen (??).

Was nun Madame Gagelins Gutherzigkeit angeht, sei hier ein Beispiel gegeben: Madame Gagelin, die gerade eine bestimmte Krankheit hinter sich hat, empfängt eine arme Frau an der Tür, die just über diese Krankheit klagt. Madame Gagelin bedauert sie, denn sie erinnert sich an sich selbst, wie sie sich auf ihrem Bett zwischen ihrem Arzt und ihrer Familie befindet. Und Madame Gagelin ist gerührt ... Ja, gerührt ... schauen Sie nur! Mit einer ganz jugendlichen Anmut und Raschheit läuft sie in der Wohnung herum, macht ein Kleiderpaket, gibt es an der Tür fort, die sie heftig zuschlägt. «Meine Mutter hätte gesagt: ‹Nimm's und verrecke!›» sagt sie noch, als die arme Frau nicht mehr da ist.

Übrigens, hätte es die arme Frau hören können, wäre es Madame Gagelin gar nicht unrecht gewesen: «Wenn sie es verstanden hat, wird sie nicht wiederkommen: darüber wäre ich froh!... Diese Leute!...»

So ist es um Madame Gagelins Barmherzigkeit bestellt! Natürlich hat das nichts mit dem Evangelium zu tun! Madame Gagelin ist eine viel zu überlegene Person, um nicht «antiklerikal» zu sein. «Ich bin eine alte Voltairianerin» sagt sie mit Wonne, oder: «Ich bin eine alte Pariserin!» Man würde sie in großes Erstaunen versetzen, wenn man ihr sagte, daß Paris eine der katholischsten Städte der Welt ist. Für sie ist Paris eine Stadt, in der sich sehr geistvolle Journalisten über die Provinz und das Ausland lustig machen und wo nach der letzten Mode gekleidete Damen sich gegenseitig Frechheiten in prunkvollen Salons oder Theaterlogen sagen. In Paris gibt es auch Personen von liederlichem Lebenswandel, mit denen man nicht verkehrt, die «mit dem Herzen liebende Liebhaber» und «alte Zuhälter» haben.

Zweite Dekade

Ich habe den Steinbock, wie er in der ersten Dekade auftritt, abgewandelt, aber er zeigt sich darin schon in seiner ganzen Größe für jene, die ihn in seiner Höhle kennen, aus der er nur mit einer Zeremonienmaske herauskommt: wild, intellektuell, mondän.

In eben dieser Höhle dachte Irène über ihre Bestimmung nach: irgend etwas tun. Aber was? «Nichts lohnt den Versuch, wenn nicht das Unmögliche!» sagte sie. Reichtum bestach sie nicht, so gewiß war sie, bald darüber zu verfügen. «Das wird schon kommen!» Auch nicht die Studien, überzeugt wie sie war, daß sie schon lernen würde, was sie wollte, wenn sie es erst einmal wollte. Einen Ehemann? Kinder? Einen Ehemann, ja, das wird sich ergeben... Aber Kinder, nein, also das nicht! Vorerst war sie still bei ihren Eltern, schmollte in ihrem Zimmer, ging mit verschränkten Armen darin auf und ab. Wenn Besuch da war, erschien sie prächtig gekleidet mit einem halb schmollenden, halb höflichen Lächeln. Morgens stahl sie sich geheimnisvoll davon, sie ging ins Schwimmbad. Sie traf dort Verehrer, denen sie kurz antwortete, wenn sie ihren einsamen Traum zu verlassen geruhe, und immer dieses halb schmollende, halb höfliche Lächeln. Ihr erster Liebhaber, ein Künstler, konnte ihr nicht viel mehr Worte entlocken und ebensowenig ein anderes Lächeln. Obwohl sie seinetwegen ihre Familie verließ: ihre Wohnung war sehr gepflegt, die Küche ausgezeichnet und sehr einfach. Eines Tages ging sie plötzlich fort, ohne einen Hinweis auf eine Adresse oder eine Erklärung zu hinterlassen. Sie dachte eine Weile ans Theater, aber die Probendisziplin konnte diesem unabhängigen Geist nicht behagen, und stundenlang zu reden, widerstrebte dieser schweigsamen Natur. Sie sagte mir einmal: «Ich hätte gern Kapitän Gottes sein wollen wie Johanna von Orléans!» Nehmen Sie zur Kenntnis, daß sie nicht an Gott glaubt: «Ich glaube nur an das, was ich anfassen kann!» Sie eröffnete eine Gymnastikschule, in die ihre Sanftmut und Höflichkeit viele Leute locken: dabei ist sie gar nicht sanft, doch zeigt sich ihre Heftigkeit anderswo ... Wo? ... An den Ringen, am Reck, und an den Rudern, wenn sie rudert!

Irène hat eine flache Stirn, große Augenbrauen, vorspringende Wangenknochen, eine frische Gesichtsfarbe, große Zähne, einen runden und elfenbeinfarbenen Hals. Sie hat standesgemäß einen großen Arzt geheiratet, der sie bewundert. Sie ist eine wunderbare Gattin. Sie gefällt in ihrer Umgebung; ihr Gatte wirft ihr nur ihre langen, von Lächeln unterbrochenen Schmollereien vor; die Freunde finden sie natürlich, einfach, realistisch und intelligent. Sie hält sich für eine gescheiterte Existenz, daher ist sie innerlich misanthropisch trotz des äußeren Anscheins kindlicher Einfalt; sie kann nicht glücklicher sein, als wenn man sie allein mit einem Buch am Kamin läßt. Mit dem Älterwerden kümmert sie sich weniger um Schwimmbad und Sport; sie bewahrt Schmuck auf, den sie nicht trägt und denkt daran, die beträchtlichen Gewinne ihres Gatten vorteilhaft anzulegen. Sie glaubt für etwas bestraft zu werden; sie weiß weder womit noch von wem. Sie wird vom Alter gebeugt.

Dritte Dekade
Dies ist eine Schwester der Madame Gagelin: sie ähneln einander, aber der kindische Leichtsinn der einen ist bei ihrer Schwester eine geradezu sonnige Heiterkeit, die sich sehr gut mit der Arbeit verbindet; die gefühllose Härte der Madame Gagelin gerät zu prächtigen Zornesausbrüchen, die in der Vernunft und im Wissen um ihr gutes Recht ihren Anwalt haben und sich in angenehmer Offenheit bekunden. Die Ansprüche sind auch ein bißchen theatralisch und mondän, doch gründen sie auf einem hübschen Geschmack für das Schöne, die Natur und auf durchaus handfesten praktischen Erfolgen im

Leben. Diese Schwester Eveline hat weder Glück in der Ehe noch mit Kindern erlebt; sie ist zu klug, um sich darüber zu beklagen und viel zu sehr Philosophin. Sie hat sich damit getröstet, daß sie selber in einem hübschen, geschickt geführten Laden zu Vermögen gekommen ist. Sie hat ein schönes Heim voller Kostbarkeiten, die sie zu vorteilhaften Preisen zu erwerben verstanden hat, voller Blumen, die sie jede Woche ersetzen läßt; sie liest Zeitungen, über die sie sanft spottet und aus denen sie nimmt, was sie interessiert. Im Hinterzimmer sitzt immer irgendein schöngeistiger städtischer Beamter, der ihre anmutige und geistreiche Unterhaltung schätzt, aber sie verläßt ihn, um einen Kunden zu empfangen oder der Köchin eine Anweisung zu geben, die sie recht genau überwacht. Ihre größte Freude besteht in einer sonntäglichen Spazierfahrt im Auto auf dem Land und dem Essen unter den Bäumen.

Sie hätte die feine Garderobe und die Koketterien gemocht: doch sie hat nicht die Zeit gehabt, sich damit zu beschäftigen: sie kaufte Kleider und zog sie nie an. Mit dem Älterwerden wurde ihr Charakter etwas schwierig; sie litt an einer schweren Krankheit, von der außer ihrem Arzt niemand wußte; sie wurde geschwätzig und dozierte vor jedem mit schleppender Stimme, wobei sie lange eine Prise Tabak zwischen Daumen und Zeigefinger hielt. Alle, die sie kannten, haben sie in bester Erinnerung behalten.

Madame Gagelin verachtete sie, Gott weiß warum: wenn man von Madame Gagelin sprach, bewahrte ihre Schwester Eveline Stillschweigen, oder sie sagte nur: «Meine Schwester hat es nicht verstanden, ihre Sache mit Erfolg zu führen.» Sie hat ihr oft Geld geliehen, aber Madame Gagelin hat ihr dafür nie die geringste Dankbarkeit bezeugt.

WASSERMANN

21. Januar bis 21. Februar
Wohnung des Saturn und des Uranus
Dreiheit der «Luft»

ANALOGIEN

Der Rabe, der Storch, der Esel, der Hammel, das Lämmchen, das Lamm, die Möwe, der Spaniel, die Birke, die Margerite, das Geißblatt, der Farn, die Weide, die Pappel, das Pfaffenhütchen, die Mistel, die Erle, das Moos, die Aubergine, der Buchs, die Angelika, die Malve, die schwarze Perle, die Schiefer.
Die Utopisten, die Nostalgiker, die Träumer.
Der Barock.

STEINE: der Amethyst, der Korund.

METALL: der Nickel.

FARBEN: (milde und matte): Pistaziengrün, milchiges Blau.

GESCHMACK: durchdringend und rar.

DÜFTE: Lavendel, Vetiveöl, der Duft alter Dinge.

KLANG: Horn, Violoncello, Dudelsack.

PERSÖNLICHKEITEN: Mozart, Byron, Manet, J.K. Huysmans, Paul Fort, Rachilde, Othon Friesz, Kipling, Colette, Edison.

DER WASSERMANN LIEBT den Löwen, steht in Einklang mit der Waage und den Zwillingen, verträgt sich mit dem Widder und dem Schützen, liebt nicht den Stier und den Skorpion, verträgt sich nicht mit der Jungfrau, dem Steinbock, dem Krebs und den Fischen.

EMBLEM: «Edler Mann, der die Gläser seiner Gäste füllt» (das Mitgefühl, das Überschwang nach sich zieht).
Die bildliche Symbolik des Wassermanns bezeichnet nicht nur das Fließen des Wassers, sondern jede wellenförmige Ausbreitung. Wichtigkeit der Gefühlsdinge in den Unternehmungen des Geistes.
Unter allen Paradoxen, die das charakteristische und vorherrschende Merkmal des Wassermanns sind, muß in erster Linie darauf hingewiesen werden, daß sich diese intellektuelle Natur fast immer und ausschließlich durch die Gefühle lenken läßt.

QUALITÄTEN: Idealismus, Feinfühligkeit, Selbstäußerung.

SCHWÄCHEN: Verworrenheit, Unausgeglichenheit, Wahn.

Vielschichtige, sehr intuitive Natur, die sich ausschließlich von den Gefühlen leiten läßt[2].
Es sind «Zigeuner». Das Verhalten ist seltsam.
Vorliebe für die Induktion, für Sophismen, Abstraktionen.
Neigen zu Gegensätzen und Widersprüchen, ohne die geringste Überzeugung, einfach zum Spiel: Frömmigkeit und Pietätlosigkeit, Gerechtigkeit und Ungerechtigkeit, Sanftheit und Heftigkeit.
Scheinbare Unlogik der großen Liebenden, die den Eindruck des Unordentlichen erwecken.
Zuvorkommender, mitfühlender Charakter.
Wenig Schläue. Tappt leicht in die gestellten Fallen.

Sie sind dafür anfällig, alles zu glauben, was man ihnen sagt. Sie sind gutherzig, liebenswürdig, harmlos, sanft wie die Lämmer und ver-

---

2. Der Wassermanntyp ist bald unter dem Einfluß des Saturn, bald unter dem des Uranus (siehe unten). Der Einfluß ist manchmal auch begrenzt.

fallen plötzlich in rasende Wut. Sie kennen keine Bosheit.

Sie nehmen bewußt oder unbewußt eine Unzahl von Eindrücken auf.

Eine erinnerungsträchtige Seele, was ihnen die Fähigkeit und Leichtigkeit verleiht, sich ohne, daß es ihnen Mühe bereiten würde, anzupassen. Sie verzetteln sich gern.

Die Abscheu vor den ausgetretenen Pfaden.

Die Rechtschaffenheit oder der Mut mit einem Schnörkel. Patriotische, sentimentale Romantik.

Sie fürchten nicht die Gefahr. Das Drohen einer Gefahr beeindruckt sie mehr als die Gefahr selbst.

Sie sind feinfühlig. Sehr einzelgängerisch, obwohl sie das Leben, die Bewegung, die Betriebsamkeit lieben.

Reichtum spielt keine Rolle. Manchmal Üppigkeit, manchmal Mangel. Sie kümmert das nicht. Sie sind großzügig gegenüber Gemeinschaften.

Vielschichtige Natur, die den Eindruck erweckt, es nicht zu sein.

DIE WASSERMANNFRAU ist doppeldeutig und paradox, voller Zartgefühl und Unstimmigkeiten, in jeder Hinsicht aufrührerisch. Es ist eine Verstandesnatur, die sich ausschließlich von ihrem Gefühl außerhalb aller Konformitäten leiten läßt. Sehr hohes Ideal, trotz der Unordentlichkeit der Existenz und deren Romantik.

KÖRPERLICHE KRANKHEITEN: Chronische und unheilbare Krankheiten. Tuberkulose. Morbus Pott. Zwangsvorstellungen. Erkrankungen der Beine und der Knöchel.

MORALISCHE KRANKHEITEN: Krankhafte Leidenschaften. Verworrenheit.

Rege Physiognomie. Blasses Fleisch. Abrupte, unüberlegt scheinende Bewegungen. Zerstreutheit. Fiebriger, angespannter Gang. Knappe und zittrige Gesten. Asymmetrie im Knochenbau. Grüne Augen. Der Blick ist brennend und traurig, seltsam starr. Schwarze, sehr dichte, ausladende, gerunzelte und sehr bewegliche Augenbrauen. Trockene, rauhe, fest umrissene Lippen. Hohle Wangen, vorspringende Wangenknochen. Die Füße wie auch die Hände sind groß und knochig.
Ihre Kraft liegt rein im Gefühl.

Das LIVRE D'ARCANDAM sagt:
«Unstete, ängstliche, mitfühlende Natur.

Er wird so barmherzig und mitfühlend sein, daß er niemanden anklagen, sondern ihn entschuldigen wird.

Er wird in der Fremde umgetrieben; mehrere Mißgeschicke werden ihn ereilen, teils an seinem Hab und Gut, teils an seinem Leib.»

ERSTE DEKADE: 21. Januar bis 31. Januar
Waage, Venus, Wassermann.
Sie warten mit einer erstaunlichen Geduld vor den Türen. Bescheiden, schüchtern. Von übertriebenem Zartgefühl. Abscheu vor jedweder Gewalt. Einsame Grübeleien beim Spazierengehen am Wasser. Helfen den Zigeunern und werden von ihnen übers Ohr gehauen. Stolz, der sich in einer fast abstrakten Selbstzufriedenheit äußert.

Die Frauen halten sich gern für Musen. Sie haben lange, weiche, oft blonde Haare. Sie sind munter und melancholisch.

ZWEITE DEKADE: 31.Januar bis 11.Februar
Skorpion, Merkur, Wassermann.
Grübeleien, die mit diversen «Scher' dich zum Teufel» und «Scheiße» enden. Absinth, Herumstromern, Mischung auf Sanftheit und Draufgängertum. Viel Stolz, der niemanden für ihm ebenbürtig hält. Dunkle Rede; gern sibyllinisch.

Im Grunde Humorist. Eine gewisse Zurückhaltung ohne kalt zu sein. Schweigsam und wie aufgebläht von seinen Empfindungen und Gedanken.

DRITTE DEKADE: 11.Februar bis 21.Februar
Schütze, Mond, Wassermann.
Ein ständiges «ich glaub's gern». Schreibt sehr kurze Briefe und läßt sich nicht im Schreiben unterbrechen, wenn der Besuch ankommt. Sehr verschlossen und verschwiegen mit seinen Geschäften. Gastgeber. Aufschneider. Er ist sehr höflich, sagt viel Liebenswürdiges und wenn die Leute gegangen sind, zwinkert er und lacht geheimnisvoll.
Verstand, Scharfsinn, Festigkeit. Viel Selbstbewußtsein. Richtet sich leicht bei anderen ein und duzt sich rasch. Familiär, aber respektvoll. Eine «Donnerstimme». Im Grunde sanft und schlicht. Geradlinig und gewandt. Gute Offiziere. Der Mann, der dazu geschaffen ist, einer Vorschrift, einem Befehl zu gehorchen. Sie verstehen zu kommandieren.

SÄTZE DES TAROT, die den *Dekaden des Wassermanns* entsprechen:

Erste Dekade: 21. Januar bis 31. Januar
«VIII der Kelche».
Fehlende Harmonie in den Ausführungen.
Gefahren der Liebesskandale.
Vorzeichen für Trennungen.
Schlechte Wahl in der Liebe.

Zweite Dekade: 31. Januar bis 11. Februar
«Ritter der Münzen».
Regelmäßiger Wechsel von Erfolgen und Rückschlägen im Streben nach Reichtum.

Dritte Dekade: 11. Februar bis 21. Februar
«VIII der Münzen».
Unrechtmäßig erworbenes Geld, das keine Früchte bringen wird. Geldverluste gerade dann, als der Reichtum gesichert schien.

♅

URANUS

ANALOGIEN: Die Flüssigkeiten und Gase, die Ausströmungen, die Strahlungen, die magnetischen Ströme, die Vorzeichen, die Revolutionen. Alles Abrupte und Ungewöhnliche.

STEIN: der Kristall.

METALL: das Platin, das Radium.

FARBEN: elektrisches Blau-Violett, Chlorgelb.

Uranus weist auf die fremdartigen Anlagen hin und insbesondere auf das aktive Prinzip des Individuums, das die Regel bricht. Es ist ein Unabhängigkeit und Erneuerung bringender Faktor. Alle, die von diesem Planeten dominiert werden, sind «Aufständische». Uranus zeigt immer einen unbedingten Nonkonformismus des Charakters an.
Erstaunliche Intuition. Starke Fühler, die die Individuen «rechts von der Null» leiten. Neptun leitet sie links davon.
Es sind Geisterseher. Sie scheinen halluziniert.
Turbulentes, vielfältiges, extravagantes Leben. Sie leiden immer an ihren Banden, ihren Grenzen, den Schranken, in denen sie sich bewegen müssen, um zu leben. Man findet sie exzentrisch und disharmonisch.
Sie sind nicht zu fassen.

KÖRPERLICHE KRANKHEITEN: Plötzliche Erkrankungen, kompliziert und unvorhersehbar,

oft unheilbar. Bisher unbekannte Epidemien (spanische Grippe), die die Nervenzentren angreifen und infizieren.
Angeborene Mißbildungen.

MORALISCHE KRANKHEITEN: Wahnzustände, Halluzinationen, Verfolgungswahn. Aggressiver und greller Nonkonformismus. Fremdartige Anlagen.
Die Hirnanhangdrüse, das Gehirn, die Nervenzentren.
Ihre Kraft liegt in der Faszination.

DIE DAMEN IM ZEICHEN DES WASSERMANNS

Man weiß nicht recht, was sie denken, doch seien Sie gewiß, daß sie nur das Gute wollen: «Woran denken Sie nun, Madame? Sie schauen mich so aufmerksam an! – Ich war gerade am Überlegen, welche Süßspeise ich zubereiten könnte, die Ihnen Freude machen würde. Ich glaube mich zu erinnern, daß Sie Schokoladencreme mögen. Ich werde Ihnen eine nach meiner

Erfindung machen. Sie ist sehr originell, Sie werden sehen!» Die Damen des Wassermanns sind gütig; sie sind Mütter, sogar mit ihren Ehemännern: «Erkälte dich bloß nicht! Oh! ich habe solche Angst um dich!» Ihre Herzensgüte ist manchmal sogar lästig: «Vielleicht ist es dir lieber, wenn wir das Fenster aufmachen ... Ich hatte es geschlossen, damit du keinen Durchzug bekommst. – Aber nein, es ist schon recht so! – Sag' es mir ruhig ... es ist mir gleich!» Sie öffnet das Fenster: «Es war vielleicht nicht recht, das Fenster aufzumachen? – Nicht doch, laß' es jetzt offen! – Du sagst das aus Gefälligkeit. Ich werde es zumachen!» etc. etc. . . . . Ihre zärtliche Fürsorge geht bis zur Eifersucht: «Jules ist ausgegangen. Ich kann es nicht ertragen, zu wissen, daß er ohne mich draußen ist! Ich muß die Meinen um mich haben, sonst sterbe ich vor Angst.»

Es ist eine sehr vornehme, exquisite Dame, die feste künstlerische Vorlieben hat: das eine liebt sie und das andere mag sie nicht; sie verhehlt es zwar, um niemanden vor den Kopf zu stoßen, um «niemandem weh zu tun», wie sie es ausdrückt, doch sind ihre Vorlieben entschieden. Man könnte wohl meinen, daß eine so aristokratische Person vom Volk gehaßt wird, doch nein, ganz und gar nicht: «Wenn die Frauen erst einmal

Abgeordnete oder Senatoren sind, werde ich gewählt werden, wenn ich mich zur Wahl stelle», sagt sie. Sie hat recht. Sie wird sehr geliebt, zuerst weil sie es liebt, geliebt zu werden und die Sympathie sucht, ohne je ihre Ansichten zu verleugnen; sie wird geliebt, weil sie Charakter hat: die Leute lieben eben das Charaktervolle, und vor allem ist sie wirklich herzensgut; sie ist gütig ohne philanthropische Etikette, sie ist gütig mit Liebe und Taktgefühl; sie wird geliebt, weil sie ohne respektlose Scherze amüsiert; sie bereitet Vergnügen, weil sie immer ein überraschendes Rezept, eine eigenwillige Art, eine Stickerei auszuführen parat hat; sie versteht einen zerbrochenen Gegenstand zu reparieren und kennt eine Lösung für eine Herzensangelegenheit oder finanzielle oder juristische Dinge; sie wird geliebt, weil sie stark und wohlgemut hinter ihrem anhaltenden Schweigen ist; auch weil sie modern ist, sich für die Luftfahrt, den Rundfunk, die Werbung interessiert, schließlich und endlich, weil sie zur gegebenen Zeit lustig ist und weder die Liedchen noch die kleinen Familienfeste verschmäht. Wenn sie traurig ist, dann ist es eine Trauer ohne Düsternis.

Übrigens sind sie nicht ohne Fehler. So vorbildliche Mütter sie auch sind, sie zeigen Vorlieben, deren Ungerechtigkeit ganz offensichtlich ist. Treue Ehefrauen, sind sie doch eifersüchtig ... zwar ohne dramatische Szenen, aber mit stillen Tränen und beredtem Blaßwerden. Ihre Leidenschaften können sie zur Gewalt treiben: sie sind nicht halbherzig in ihren Gefühlen. Ich kenne eine, die, nachdem sie aus Liebe einen schwächlichen und lügnerischen Mann geheiratet hatte, diesen schließlich geprügelt hat (sic!) Nie hätte man geglaubt, daß diese hellhäutige Dame in Tüllkleidern und mit duftigen, rotbraunen Bändern (so kleidete man sich damals) eine solche Haltung einnehmen könnte! Sie prügelte ihren Ehemann aus Liebe und weil seine Trägheit sie aus der Fassung brachte. Übrigens hat sie ihn während einer Krankheit mit solcher Hingabe gepflegt, daß sie darüber selber krank geworden ist. Sie hat ihn gerettet: und sie ist es, die dann vor Hingabe und Liebe gestorben ist.

Damen der ersten Dekade
Madame Anaïs Tsadé hat immer Geldsorgen. Sie war ein kleines, stilles Mädchen. Eines Tages überraschte sie ihre Mutter, wie sie die Wangen in beide Hände gestützt und mit hochgezogenen Augenbrauen vor dem Wörterbuch, Artikel «Bankrott», saß. Sie wird zur Rede gestellt, sie

stürzt sich vor Verzweiflung schluchzend in die Arme ihrer Mutter. «In der Schule haben sie gesagt, daß Papa dem Bankrott entgegengeht!» Der Lehrer sagte von ihr: «Sie ist ein bezauberndes Wesen, eine Künstlerin ganz und gar.» Ja, man hat immer gesagt, Anaïs sei eine Künstlerin. Und wirklich hatte sie ein erlesenes Interieur, überall Blumen, köstliche Garderoben, die sie seufzend anzog. Oh! Die arme Frau!... In jungen Jahren hat sie einen Fischhändler in einem Seehafen geheiratet. Kaum verheiratet, wurde ihr die Unfähigkeit ihres Mannes klar, der nur das Vergnügen liebte, und sie mußte sich, sie, eine Künstlerin!, mit kaufmännischen Dingen abgeben, sich mit den Fischern wegen drei, vier Francs herumstreiten... und, mit dem Wunsch, gütig und hilfsbereit zu sein, mußte man das Handelshaus bewahren, an die Zahlungsfristen denken, statt über Dichtung und Kunst nachzusinnen: «Ich hätte so gern...» Manchmal betrachtete sie der eine oder andere Handelsreisende nachdenklich: «Schade! – Was ist denn schade? – Eine Frau wie Sie in den Fischhallen... Sie sind dazu geboren, einen Salon zu haben, die feinen Herrschaften zu bedienen, Kunstmalern einzuschenken... schade!» Die Dame lächelte: «Ja!... Ach, das leidige Geld!... Ich habe schon

Zeit, an solche hübschen Nichtigkeiten zu denken ... Sie sind sehr liebenswürdig ... aber ich habe eine fällige Zahlung über zwölftausend Francs am Ende dieses Monats und keinen Pfennig in der Kasse! ... Wenn meine Schwägerin doch eine Bürgschaft bei der Bank übernehmen wollte! ... Ah, wenn ich die Schwägerin wäre, würde ich sagen: ‹Schau, hier ist der Schlüssel für mein Schließfach in der Bank und das Paßwort dazu!›» Der philosophisch veranlagte Handlungsreisende dachte: «Nicht auszudenken, daß es auf der Erde Tausende und Abertausende charmanter Frauen wie diese gibt, die mit Nieten, mit Dummköpfen verheiratet sind!» Madame Anaïs Tsadé ist verrückt geworden: sie ist in einer Irrenanstalt gestorben. Sie bildete sich ein, es sei Geld in einem Schrank, den niemand öffnen könne: das ließ sie verzweifeln.
Ein anderes Mal meinte sie, mit einem Musiker verheiratet zu sein, der taub und paralytisch geworden sei: sie sang dann mit markerschütternder Stimme.

Damen der zweiten Dekade
Louise Véniat war ein ungestümes und spöttisches hübsches Mädchen, stets zu Raufereien im Pausenhof der Schule aufgelegt, begeistert von

neuen Spielen und unbarmherzig mit Heuchlern und Petzen. Man liebte sie wegen ihres gesunden Aussehens, ihrer schönen Zähne, ihrer Kraft, ihrer hellen Begeisterung beim Fußball und ihrer offenherzigen Freundschaft. Während des Unterrichts träumte sie vor sich hin, dachte an Reisen, an den Krieg, an Waffen und weite Landschaften. Nicht etwa, daß ihr das Lernen mißfallen hätte, durchaus nicht, aber sie bemühte sich nur, wenn der Lehrer ihr sympathisch war: «Louise Véniat, schade, daß Sie nicht mehr arbeiten! – Mademoiselle, da alles, was Sie mir erzählen, in Büchern steht, kann ich es dort finden, wenn ich will. – Niemand hat behauptet, daß es Ihnen an Intelligenz mangelt, Louise: aber schämen Sie sich nicht, sich von weniger begabten Kameraden überflügeln zu lassen?»

Dieser Appell an ihren Stolz zeitigte ausgezeichnete Resultate; sie wollte die Erste sein und dies wurde die Triebfeder ihres ganzen weiteren Lebens. Was sie gehindert hat, eine echte Gelehrte zu werden, war ihre Zerstreutheit: Louise Véniat ist eine eigenwillige Person: sie hat mit der Musik, mit der Malerei geliebäugelt (sie hatte künstlerische Großeltern), um sich dann für die Naturwissenschaften zu entschließen. Mit sechzehn hat sie erklärt, sie werde Mechanik studieren wegen der Schönheit der Maschinen, die sie «geschmeidig, majestätisch und kraftvoll» nannte. Mit achtzehn begeisterte sie sich für die Elektrizität. Was sie gehindert hat, eine Professorin mit allen, für sie leicht zu erwerbenden Titeln zu werden, war ihre Liebe zur Familie und Menschheit: «Ich möchte reich sein, aber nicht für mich, denn wie alle Sportlerinnen bin ich streng in meinem Leben, sondern um meinen Mann, meine geliebten Kinder und meine Eltern, die ich bei aller Kritik liebe, glücklich zu machen.»

Man verschaffte ihr eine Stelle in einer Möbelfabrik im Faubourg Saint-Antoine in Paris. Sie war gleich zu Anfang schockiert: dort wurden zu Tausenden Louis XVI-Frisierkommoden und Louis XV-Kommoden, Louis-Philippe-Sessel hergestellt. «Ich bin für moralische Sauberkeit; ich kann nicht mit denen leben, die so etwas nicht besitzen!»

Sie war öfter bei den Studenten des Quartier Latin als in der Werkstatt und im Büro: «Ich würde mit den Armen leben, mit den Clochards, den Matrosen, den Mechanikern, den Landarbeitern: ich würde mich an jede Umgebung anpassen. Ich würde emporkommen, einen Namen haben. Vielleicht ist das Hochmut?» Sie war vom Leben der Studenten schockiert: sie haßte die Tanzbar, das Café nachts. Sie hatte eine große Leidenschaft für einen Chemiestudenten; aus Stolz zeigte sie sie nicht und niemand bemerkte etwas: «Die Liebe ist eine Schwäche, einem moralischen Wesen unwürdig!» Im Gegensatz zu verliebten Frauen behandelte sie ihren Liebhaber hartherzig, stellte ihm peinliche Fragen und spielte gegenüber seinen Theorien die Verständnislose. Was ihr bei den Zusammenkünften der Studenten gefiel, war die Offenheit und Kameradschaftlichkeit. Eben diese Offenheit hinderte sie nicht, sehr gewieft zu sein, als sie ihren Weg gefunden hatte. Sie hat einen der Direktoren der Möbelfabrik, wo man sie untergebracht hatte, geheiratet: er fragt sie um Rat und sagt, sie bringe ihm Glück: «Ich werde nie übers Ohr gehauen! Meine Frau wird immer bezahlt!»

«Ich hätte mir einen Namen in der Wissenschaft machen wollen! Mein Sohn wird ihn haben.»

Sie ist eine bewundernswerte Mutter; sie hat ein reiches Innenleben und gibt Tiefsinniges von sich wie zum Beispiel: «Die Zukunft ist aus Holz, und nicht aus Eisen.» Das Drama im Leben der Louise Véniat besteht in ihrer dauernden Desillusionierung. Sie ist eine hartnäckige Optimistin: sie glaubt, alle Leute, mit denen sie verkehrt oder die sie anspricht, seien Heilige oder Genies. Wenn sie dann eine menschliche Schwäche zeigen, ist sie bekümmert und enttäuscht. Ihre wirkliche Menschenliebe bleibt eine Liebe ohne echte Beobachtungen. Sie nimmt das Ideal als Ausgangspunkt, statt von der Wirklichkeit auszugehen, und wenn die Wirklichkeit sie bedrängt, tut sie ihr weh. Dank Ehe und Mutterschaft ist sie dem Los entgangen, unter dem Vorwand der Inspiration in allem eine Versagerin zu sein.

Ihr Sohn ist Offizier.

Damen der dritten Dekade
«Sie ist ein Original!» heißt es, oder: «Das ist ein unabhängiger Geist». Sie ist ganz einfach eine Ungezähmte. Wenn große Hüte in Mode sind, wird sie sich darauf kaprizieren, einen kleinen zu tragen; ein kurzes Kleid anziehen, wenn lange gefordert sind. Als viel Putz getragen wurde, kleidete sie sich wie eine Quäkerin. Gibt man ihr ein Rezept, wandelt sie es ab, an eine Ordonnanz hält sie sich nicht. Man kann ihr nicht Anmaßung, Hochmut, Ziererei nachsagen. Nein, sie ist eben so. Das ist ihre Natur, ihre tiefe Natur; sie sehe alles andersherum, behauptet sie, sie versteht sehr wohl, will aber, daß man das Gegenteil

gesagt hat von dem, was man zu sagen scheint. Ihr widerspenstiger Geist hätte ihr beinah das Leben gekostet. In der feinen Gesellschaft, in der sie verkehrt und in der ihr «Charakter» geschätzt wird, bekam sie eine Einladung zu einer Jagdpartie: «Verstecken Sie sich hinter diesem Busch, Madame Houïdnier, und lauern Sie auf das Tier.» Von wegen! Hinter einem Busch zu lauern, das war ihre Sache nicht! Sie stellte sich vor, auf den Keiler zuzugehen, wollte dann nicht schießen, weil sie plötzlich von großem Mitleid für dieses Tier ergriffen wurde, das, sagt oder glaubt sie, ihr ähnelt, und erhielt einen kräftigen Stoß mit den Hauern in die Hüften.

Die «feine Gesellschaft» fragt kaum nach der Herkunft des Reichtums, wenn nicht zu laut Skandal geschrien wird.

Madame Houïdnier lebt allein und gibt viel Geld aus: Monsieur Houïdnier soll in Ägypten Spielhöllen betreiben. Man sieht ihn nie, man weiß nichts über ihn. Madame lebt in einem Schloß in Südfrankreich. Sie hat ständig Diskussionen mit ihrem Hauspersonal, dem Bürgermeister der Gemeinde und dem Pfarrer. Man achtet sie, weil sie eine große Dame ist und dabei «gar nicht stolz», weil sie freigebig, weil sie herzlich zu den kleinen Leuten ist, dennoch kann man es sich bei aller Bewunderung nicht verkneifen, sie zu bestehlen. Ihre Freunde aus der «feinen Gesellschaft» beraten sie so gut sie können, aber sie antwortet ihnen: «Davon versteht ihr nichts! Nein, das ist es nicht!» Da sie Autorität und Beziehungen hat, nehmen ihre ärgsten Affären schließlich einen guten Ausgang: der Präfekt und der Oberstaatsanwalt sind die Beschützer dieser feinen Frau, die mutig allein durchs Leben zu gehen scheint.

Alles an ihr hat den Anschein des Mutes, wo doch dieser äußere Schein nur zum einen aus «Widerspruchsgeist», zum anderen aus «schamlosen Reden» besteht. Madame Houïdnier hat die Manie, jedem und zu jeder Gelegenheit «ihre Meinung zu sagen»: «Sie sind ein Gehörnter, mein armer Jules! Wenn Sie es noch nicht wissen, ich sage es Ihnen! ... Ich bedaure Sie, denn Sie verdienen es wirklich nicht, aber Sie sind es!» Oder: «Sie spielen so stümperhaft Karten, meine arme Marie! Gehen Sie doch Strümpfe stopfen, damit sind Sie weiß Gott besser bedient!» Eine Stunde später, da sich die «arme Marie» (in diesem Fall die Marquise von X ...) die wegen der Demütigung tränenvollen Augen wischte, küßte sie sie, nahm sie in die Arme und schenkte ihr ein Armband, das sie gerade am Handgelenk trug.

Madame Houïdnier ist so gütig, daß sie ihre Zeit damit verbringt, auf alles zu verzichten, was sie begehrt (und Gott weiß, was diese starke und schöne Person nicht alles begehrt), um Geld für ihre Armen zu behalten oder um den Freunden, die sie protegiert, entgegenzukommen.

Bei einem großzügigen Temperament und einer freigebigen Hand ist sie öfter eher in Verlegenheit oder noch Schlimmeres als reich. Sie kann die Wohlhabenheit nicht genießen. Eines Tages verschwindet der unsichtbare Monsieur Houïdnier ganz von der Bildfläche. Man hätte auf dem Schloß alles verkauft, wäre da nicht die Ankunft eines alten Freundes oder Liebhabers wie aus Vorsehung dazwischengekommen, der den äußeren Schein rettete. Er starb. Die heute sehr betagte Madame Houïdnier lebt in einer religiösen, mildtätigen Pension, die von einer ihrer alten Freundinnen bezahlt wird: sie gilt als unerträglich und schwierig. Sie ist hier verängstigt, beunruhigt, eher mystisch als fromm. «Lassen Sie sie», sagt die Oberin, «das ist eine Verrückte!» In ihrem Testament ist festgesetzt, daß sie in ihrem «Bischofskleid» (sic) und ihrem Amethystschmuck bestattet wird und daß man nicht ihre Kinder benachrichtigen darf, die sie so geliebt hat und die sie ihrerseits so enttäuscht haben, die Elenden! der Gedanke, sich für diese undankbaren Geschöpfe aufgeopfert zu haben, etc.

Diese letzten Worte werden die feine Gesellschaft nachhaltig erstaunen, die immer verkannt hat, das diese «gutmütige Irre» eine Schmerzensmutter war. Das ist jedoch nichts weniger als die Wahrheit.

FISCHE

21. Februar bis 21. März
Zweite Wohnung des Jupiter
und Wohnung des Neptun
Dreiheit des «Wassers»

ANALOGIEN

Der Reiher, der Schwan, der Pudel, die Färse, die Hortensie, der Weißdorn, die wilde Anemone, das Alpenveilchen, das Vergißmeinnicht, die Schlüsselblume, die Begonie, die Kamelie, das Veilchen, die Ulme, der Ahorn, die Platane, der Flachs, die Zitrone, der Bimsstein, der Sand. Die Richter, die Senatoren, die hohen Beamten, die Präfekten, die Familienoberhäupter, die Pädagogen, die Ingenieure, die Polizisten, die Verwalter, die Geschäftsführer.

STEINE: der Chalzedon, die Koralle.

METALL: das Zink.

FARBEN: (matte): unbestimmte Gelbtöne.

GESCHMACK: fade.

DUFT: der Falsche Jasmin.

KLANG: Okarina, Galoubet, Triangel.

PERSÖNLICHKEITEN: Karl der Große, Victor Hugo, Mounet-Sully, Gabriele d'Annunzio, Robert de Montesquiou, Mallarmé, Renan, Daumier, Théodore de Banville, Fernand Divoire, Paul Morand, Maurice Magre, Sacha Guitry.

DIE FISCHE LIEBEN die Jungfrau, stehen in Einklang mit dem Krebs und dem Skorpion, vertragen sich mit dem Stier und dem Steinbock, lieben nicht die Zwillinge und den Schützen, vertragen sich nicht mit der Waage, dem Widder und dem Löwen.

EMBLEM: «Ein von Flammen umgebener Engel» (spiegelt die Liebe zum Geistigen inmitten bitterer Enttäuschungen, Tücken und manchmal Schicksalsschläge wider).
Die Betreffenden sind sehr verschieden, je nach der existentiellen Ebene, auf der sie sich entwickeln[3].
Die Typen der Fische sind bescheiden. «Bescheidene und stille Kinder», sagt Agrippa. Sie kön-

---

[3]. Der Typus der Fische ist bald unter dem Einfluß Jupiters, bald unter demjenigen Neptuns. Der Einfluß tritt manchmal kombiniert auf.

nen auf einem Hochseil leben. Sie haben nichts und hängen an nichts. Bald ist es das Zeichen der universellen Liebe und der Einweihung, bald dasjenige des Lebensirrtums und der Gleichgültigkeit.

Systematische Suche nach dem Ideal, aber manchmal bleiben sie «nicht bei der Sache». Wie alle Zeichen des Wassers sind die Fische «hart und abstrakt», stets am äußersten Ende des Guten oder des Bösen.

Symbolische Bedeutsamkeit der Füße, die den Fischen zugesprochen werden. Als Stützen des ganzen Menschengebäudes und aller Stockwerke des Bewußtseins bleiben die Füße dennoch mit dem Boden in Berührung.

QUALITÄTEN: die Arglosigkeit, die Frömmigkeit, die Ehrlichkeit.

SCHWÄCHEN: Egoismus, Selbstgefälligkeit, Engstirnigkeit.

Passive, formbare, sehr beeinflußbare Natur, deren Persönlichkeit meist von derjenigen der anderen abhängt. Der psychologische Nachahmungstrieb der Fische versetzt den in diesem Zeichen Geborenen in ein imaginäres Licht, das dem Schauspieler par excellence eigen ist, oder das Fehlen, genauer: die Schwierigkeit einen bestimmten Charakter zu verwirklichen, nötigt ihn fast immer, eine Rolle zu spielen. Sie lieben es zu beschützen und bezeichnen sich gern als Schiedsrichter.

Neigung zum Konformismus in allen Dingen; bedacht auf die Etikette, die Sitten, auf alles Anerkannte. Respekt vor Autorität und Bedürfnis danach. Respekt vor der Tradition, vor der Karteikarte. Eher dem Recht als der Großzügigkeit zugeneigt. Sie suchen weniger das Gute zu tun, denn als gute Menschen zu gelten. Meist ist Berechnung in ihren Gefälligkeiten.

Sie sind immer auf der Suche nach einem Ideal, irgendeinem Ideal.

Vorliebe für den Gemeinplatz. Unbedingter, tyrannischer Egoismus.

Unfähig, etwas zu empfinden, zu verstehen, sich anzuverwandeln, das sie nicht persönlich betrifft. Kein Interesse für das, was die anderen leidenschaftlich bewegt.

Unbedingtes Selbstvertrauen. Sie sind lebhaft, haben Schwung, sind brillant.

Sie lieben die Familie, zumal die eigene, beschützen sie und sorgen für ihr Gedeihen. Sie sind stolz darauf.

Sie lieben die Titel, die offiziellen Ämter, das Repräsentieren; für sie hat nur das Gewicht, was von einem Vertreter des Staats paraphiert oder von der öffentlichen Meinung gutgeheißen wird. Auf das öffentliche Ansehen bedacht.

Knappes und schroffes Urteil. Sie zensieren ständig die Ideen anderer, aber lechzen ungeduldig danach, daß man ihre eigenen diskutiert.

Wankelmütiger und oberflächlicher Geist. Sie bekritteln eher, als daß sie argumentieren und verfallen leicht in Spitzfindigkeiten.

Erregbar und geschwätzig. Sie dreschen Phrasen und halten lange Reden. Sie hören sich gern reden. Sie hassen die Sorgen, das Unbekannte, das Geheimnisvolle, die Erfindungen. Jeder Kummer, jede Neuerung, alles, was ihre Ruhe stören kann, macht ihnen Angst.

Tiefe, religiöse und philosophische Bestrebungen, wenn ein höheres Seelenleben vorhanden ist.

Zu lebhafte und zu spontane Empfindungen, die zu Enttäuschungen führen können.

Sinn für Tafelfreuden. Der Sensualismus des Magens herrscht vor. Die sinnliche Liebe ist ebenfalls nach ihrem Geschmack, sofern sie ihnen keinen Kummer bereitet.

DIE FRAU DER FISCHE besitzt eine außergewöhnliche Bildsamkeit auf jeder Wellenlänge, was sie zum Spielen aller Rollen befähigt, von der bescheidensten bis zur größten. Sie ist sehr leicht erregbar, sehr leicht beeindruckbar, aber hart und abstrakt wie alle Zeichen des Wassers; stets am äußersten Ende des Guten oder des Bösen. Die Frau der Fische verkörpert oft bewundernswert den Typus der Egeria[4].

KÖRPERLICHE KRANKHEITEN: Phlethora, Apoplexie, Krankheiten infolge unzureichender Oxydation, organische Erkrankungen des Herzens und der Blutgefäße. Tagesfieber. Pleuresien, Phlegmonen.

MORALISCHE KRANKHEITEN: die Gleichgültigkeit.

Weiße, leicht rosige Haut, frische Gesichtsfarbe, beleibt. Helle Stimme. Kurze flossenähnliche Arme. Die allgemeine, wie ein Mantel fallende Körperlinie erinnert an die Silhouette des Seehundes (Janduz). Flaches Rochengesicht oder auch Papageiengesicht. Schwere Augen-

---

[4]. Sprichwörtlich gewordener Name der Vertrauten und Beraterin des sabinischen Königs Numa Pompilius (A.d.Ü.)

lider. Die blauen oder kastanienbraunen Augen sind schläfrig und vorstehend. Das Auge des King-Charles-Spaniels. Der Blick ist ohne Geheimnis und streicht nur so über die Dinge hin. Ein Blick «aus Porzellan». Kastanienbraunes oder blondes Haar. Kurze, fleischige und runde Nase. Die Oberlippe tritt etwas über die Unterlippe vor. Grübchen in der Mitte des Kinns. Am Kopf anliegende Ohren. Schultern und Rücken fleischig. Neigen im Alter zur Fettsucht. Sie schwitzen stark am Kopf, vor allem an der Stirn. Ihre Stärke ist an Konventionen gebunden: ein Titel, ein Rangabzeichen, ein Ordensband.

Das LIVRE D'ARCANDAM sagt:
«Er wird gesund sein, gesund an Geist und Leib. Er wird vorsichtig und liebenswürdig sein, zur Rechtschaffenheit geneigt.
Er wird einen beschränkten Geist, aber ein dienstbares Wesen haben.»

ERSTE DEKADE: 21.Februar bis 1.März
Steinbock, Saturn, Fische.
Snobistische und zugleich einfache Leute (zu natürlich in ihren Gebräuchen und «avantgardistisch» in ihrem Bewußtsein). Ziemlich schlau und verschwiegen in ihren oft unsicheren Vor-

haben. Die humanste der drei Dekaden. Der «unbedeutende Apostel». Unerhörte, heldenhafte, unermüdliche Arbeiter, wenn sie ihren Weg gefunden haben.

Moralische Vehemenz. Bedrohliche Dummheit. Engstirnigkeit und Tyrannei. Individuen ohne Lebensschwung, ohne Sonne; Leute, die nach Schreibstube, Staub, Gerichtssaal riechen.

Die Puritaner, Frömmler, Schulmeister. Sie sind pedantisch.

Unglückliches Leben mit der Sehnsucht nach Ruhm. Sie lächeln leicht; das Lächeln der Schwäche.

Bewunderung für die Frauen. Steife Höflichkeit. Eine ritterliche Art, die nach Alexandre Dumas und Bürokrat riecht. Zurückgezogenes und einsames Leben (sich stets zurückziehen: Zeichen des Wassers).

Ein Verlangen nach Realitäten.

ZWEITE DEKADE: I. März bis II. März
Wassermann, Jupiter, Fische.
Treuherzig und feierlich.

Unschlüssig im Warten auf günstige Gelegenheiten. Schmachtendes Mitgefühl.

Ein Bedürfnis, sich über das Sublime einzumischen. Leute in Pantoffeln, die über Religion,

Kunst, Philosophie reden. Erzbürgerlich außerhalb ihrer Sorgen um den Himmel. Ganz «die – Familie – zuerst» und «Hausvater».
Aparte Häßlichkeit der Frauen. Blauer, grausamer und aufrichtiger Blick.

DRITTE DEKADE: 11.März bis 21.März
Fische, Mars, Fische.
Lächerliche, doch rührende Eitelkeit. Alle Amtspersonen. Immer hochdekoriert. Aufsichtsräte. Kommissionsvorsitzende. Abgeordnete. Längerdienende Offiziere. Philanthropen. Tierschutzvereine, Vereine zum Schutz junger Mädchen, etc. Erzähler, Schwätzer.
Geckenhaft, kupplerisch, geschäftig; übertrieben zuvorkommend. Sucht Freunde, um ihnen nützlich zu sein und allseits abgelehnt zu werden.
Ziemlich verrückt, dandyhaft, anmaßend; ziemlich spitzbübisch und ziemlich heilig.
Pedant ohne Natürlichkeit und ohne Anmut; geziert und wortreich, glaubt an seine höhere Begabung und prahlt mit seinen Freunden. Muß alles lernen und verurteilt sich dazu, alles zu wissen. Schätzens- und bemitleidenswert. Krückengänger, die sich unter die Artisten mischen. Rotes Gesicht. Blume im Knopfloch.

SÄTZE DES TAROT, die den *Dekaden der Fische* entsprechen:

Erste Dekade: 21.Februar bis 1.März
«V II II der Kelche».
Starkes Symbol der Liebe.
Bedachtsamkeit im Begehren und in der Wahl der Liebesneigungen.

Zweite Dekade: 1.März bis 11.März
«Bube der Münzen».
Große Kämpfe, um seinen Lebensunterhalt zu verdienen. Vermögensverluste in falschen Spekulationen.

Dritte Dekade: 11.März bis 21.März
«VII II der Münzen».
«Vermögen, das aus einer mysteriösen Quelle stammt und die Verbesserung der Position begünstigt.»

♆

NEPTUN

ANALOGIEN: Die Augentäuschungen, der Traum, die Ekstase, die Verzauberungen.
Die weiße und die schwarze Magie: das Wort, das Blut, das Geschlecht.

Die Hirnanhangdrüse, der Samen, die Kopf- und Körperhaare, der Schweiß.

STEIN: der Obsidian.

FARBE: schwarz-blau.

METALL: der Chrysochalk.

Der Einfluß Neptuns ist nur bei sehr entwickelten und sehr frommen Individuen, die eine hohe Bildung besitzen, bestimmbar.
Die simplen Naturen haben einen einfachen Hang zum Geheimen, zur «Intrige», worin sie sich hervortun, manchmal zu machiavellistischen Plänen und zur Doppelzüngigkeit.
In einen wie im anderen Fall ist das Gefühlsleben vielgestaltig, tiefgehend, aber oft anormal oder gestört. Das Gebiet der Sexualität ist sehr ausgedehnt, aber nichts wird sichtbar; alles bleibt verdeckt. Daher rührt der Eindruck des Unbehagens, das der Neptunmensch oftmals bei seiner Umgebung erweckt; eine beunruhigende, manchmal zweideutige Atmosphäre, die von seiner völligen Passivität ebenso wie von dem Geheimnis rührt, mit dem er stets das komplizierte Getriebe seines Intimlebens umhüllt.

Bei den sehr entwickelten Individuen liegen die Dinge nicht mehr so: denn die enge Konjunktion des rückläufigen Saturn mit Neptun, die im Sternbild des Wassermanns gelegen ist, – und die man im Thema der Entdeckung findet – legt das Hauptgewicht auf eine tiefgehende Intuition, die wir mit dem Begriff der Kontuition bezeichnen (von «contuitio»: die innere Schau der Dinge), die den Neptunmenschen auf ein «kosmisches Bewußtsein» ausrichtet.

Neptun ist das Merkmal des Unbewußten und der Triebkräfte. Dieser Planet bringt im Individuum das unsichtbare Leben, alles Geheime, Latente oder Okkulte zum Ausdruck.

Der Neptunmensch ragt in das Unbewußte hinab und steht im unmittelbaren Austausch mit den Triebkräften, d.h. mit der Gesamtheit der Bewußtseinsströme, die im virtuellen Zustand im menschlichen Organismus existieren.

Das kosmische Bewußtsein ersetzt bei ihm das personale Bewußtsein. Tatsächlich sieht es so aus, als ob das personale Bewußtsein gemeinhin vom kosmischen Bewußtsein getrennt wäre. Diese Trennung ähnelt einem Netz. Daraus folgt, daß, je weiter die Maschen dieses Netzes sind, desto eher gelingt es den Gegebenheiten des kosmischen Bewußtseins, in das personale Bewußtsein einzudringen. Beim Neptunmenschen sind die Maschen des Netzes so groß, daß das personale Bewußtsein nicht mehr vom kosmischen Bewußtsein getrennt und mit ihm zusammenzufallen scheint. Dies erklärt gerade das anormale Verhalten des Neptunmenschen, der keiner Ethik verpflichtet scheint. Sein moralisches Gleichgewicht ist eben kosmisch und nicht menschlich.

Die Sinne des Neptunmenschen sind nicht isoliert, sondern sehr häufig ineinander verschmolzen, woraus ein globaler Sinn hervorgeht, der alle anderen in sich zu vereinen und sie zu übertreffen scheint. Dieser globale, synthetische Sinn erweitert den Bewußtseinshorizont, und ihm verdankt der Neptunmensch, daß er kein fragmentarisches Bewußtsein der Welt, wie die meisten Individuen, sondern ein kosmisches Bewußtsein besitzt.

Seine Verstandesmethode ist nicht rational, sondern gefühlsmäßig. Es ist eine Art Kommunion. Er scheint «durch Osmose» zur Erkenntnis zu gelangen, über eine affektive, aus Gefühlen, Symbolen und Analogien bestehende Ebene. Er gelangt unmittelbar zum geheimen Sinn eines Wesens oder einer Sache und nicht zu seinem gewöhnlichen, praktischen und offensichtlichen

Sinn. Das ist die Methode des mystischen Weges. Darüber hinaus darf beim Neptunmenschen, dessen Intimleben in die unterirdische Welt des Unbewußten und der Triebkräfte ragt, nicht die zentrale und allgegenwärtige Rolle der Sexualität vergessen werden, die bei ihm zu einer Seite seiner Intelligenz und zu einer seiner bevorzugten Wege zur Erkenntnis wird. Die sogenannte «körperliche Liebe» zu einer Pflanze, einer Frucht, einem Kind, einem Tier oder jeder anderen magischen Erscheinung des Lebens, die man so häufig bei Neptunmenschen antrifft, ist nichts als eine «magnetische Anziehung», eine Kommunion, wie jeder Glaube und keine sexuelle Perversion, die in seinem Fall gar keinen Sinn hätte. Es handelt sich hierbei um einen kosmischen Sexualismus, der unseren gewöhnlichen Erfahrungsweisen jedoch wenig zugänglich ist.

Der Neptunmensch wird von allem Geheimen, Magischen, von allem, was unverständlich scheint, angezogen. Er versucht immer zu enthüllen.

Zuneigung zu den Kindern. Tierliebe.

Der Neptunmensch lebt immer «als Außenseiter».

KÖRPERLICHE KRANKHEITEN: die willentlichen Vergiftungen (Opium, Kokain, Haschisch, etc.). Die ekstatische Auszehrung. Die Schizophrenie.

MORALISCHE KRANKHEITEN: Unausgeglichenheit der Triebkräfte. Verrat. Doppelzüngigkeit. Sexueller Wahn. Zwangsvorstellung. Besessenheit (Inkubus, Sukkubus).

Ihre Kraft ist magisch, magnetisch, unbewußt.

DIE DAMEN IM ZEICHEN DER FISCHE

Dies ist eine arme Hausgehilfin ohne Ehrgeiz. Ihren Herrschaften so ergeben, daß sie ihnen ähnelt, geht sie ihrer bescheidenen Arbeit nach. Sie hat sich deren Charakter, deren Ziele im Leben zu eigen gemacht; sie freut sich, wenn sie sich freuen, sie ist bekümmert, wenn sie es sind. Im allgemeinen schweigt sie, doch wenn sich eine der im Haus verkehrenden Personen für sie interessiert, dann bringt sie einen unerschöpflichen Schwall an Worten, Seufzern und Klagen über

ihr Los hervor: «Mir, die keiner Fliege etwas zu Leide tun würde, schauen Sie nur, was man mir angetan hat! Es stimmt schon, ich bin nichts Besonderes, verglichen mit Monsieur, nicht wahr, der ein so guter, so intelligenter Mann ist, nicht?... Wie sehr man sich auch darüber im klaren ist, daß man so rein gar nichts ist, es tut einem doch weh, nicht wahr?... Es ist und bleibt nun mal ein Unglück... Hoffen wir das Beste!... Man muß sich halt in sein Schicksal fügen!»
An anderer «Stelle» werden Sie sie ganz anders erleben: eine Schmutzliese unter Schmutzliesen, wird sie kokett bei einer koketten Herrschaft; sie wird sich wie Madame nach der letzten Mode kleiden. Bei einem Priester wird sie bigott und zerknirscht sein. Als Hausgehilfin bei einem Institutsmitglied wird sie sagen: «Wir sind beim Buchstaben ›C‹ des Wörterbuchs angelangt.. Wir glauben nicht, das Monsieur X.. Chancen hat, gewählt zu werden... Ich kann dazu nichts sagen.. ich bin nur eine kleine Hausangestellte.»
Die Hausherrin sagt von ihr: «Oh, man kennt sich mit ihr nicht aus. Meine Hausgehilfin ist eine große Mystikerin. Sie behauptet, daß die Heiligen zu ihr sprechen; sie versteht sich aufs Weinen; wenn sie nicht im Kino sitzt, ist sie in der Kirche oder in ihrem Zimmer und liest. Und am

Sonntag muß man sie gesehen haben: sie zieht sich an! Sie legt eine unglaubliche Koketterie an den Tag. Bei ihr gibt es keine Mitte: entweder eine Schmutzliese oder eine Prinzessin. Vor allen Dingen bringen Sie sie nicht zum Plaudern, Sie kommen dann nicht mehr weg: Sie wird Ihnen mit einer kindlichen Bewunderung die Herrlichkeiten aller Häuser erzählen, in die sie gekommen ist. Oder sie spricht Ihnen von den Schlafwandlern, die sie um Rat gefragt hat und von denen sich keiner geirrt hat. Hier betrachten wir sie als eine schweigsame Person, aber die Concierge und die anderen Hausangestellten beklagen sich über ihr Schwätzen. Alles in allem ist sie eine ausgezeichnete Person.»

Erste Dekade:
Madame Coffin ist eine große, zärtliche Brünette, die etwas gebeugt ist. Schon in jungen Jahren war sie eine große, zärtliche, etwas gebeugte Brünette: durch ein bißchen Streicheln, einen Kuß, ein passendes Wort bekam sie von ihren Eltern, was sie wollte. Sie ist sanft, richtet klug, ohne viel Aufhebens ihr Leben ein. Da ihre erste Ehe eine Dummheit gewesen ist, hat sie sich scheiden lassen, und diese Scheidungssache ist von ihr mit viel Hellsicht und Entschiedenheit betrieben

worden, wobei sie sich geschworen hat, in Zukunft nicht mehr zu heiraten, ohne indes auf die Freuden der Liebe zu verzichten. Nach dieser ersten Lehre fürs Leben, hat sie eine zweite bekommen: nämlich ohne echtes Interesse kein weiches Herz zu zeigen, keine zu offensichtliche Neigung zur Religion, zum Okkultismus, zu den Schönen Künsten und den interessanten Büchern. Wenn man sich in einer Umwelt befindet, in der diese Vorlieben erlaubt sind, um so besser, aber anderswo achte darauf, wie eine gute Geschäftsfrau auszusehen und auch so zu sein! Seitdem Madame Coffin diese beiden Entschlüsse in ihrem zwanzigsten Lebensjahr gefaßt hat, ist sie unverändert, sie hat sich nicht entwickelt und wird es auch nicht. So gefällt sie.
Denn sie gefällt, sehr sogar. Sie gefällt ihren Kunden. Sie ist Vertreterin, Schuhvertreterin für die Pariser Vorstädte, die Provinz und das Ausland. Sie hat eine ausgezeichnete Nachahmungsgabe: sie spürt instinktiv die politischen Meinungen einer Stadt, ihre Sitten, ihre Art und betritt keinen Laden, ohne genau das passende Wort zu sagen. Mit einem hervorragendem Gedächtnis ausgestattet, erinnert sie sich an die Eigentümlichkeiten eines Kunden aus Perpignan oder aus Budapest. Der da hat einen kranken kleinen Jun-

gen, also redet sie mit ihm darüber! Diese ist unglücklich in ihrer Ehe, also bemitleidet sie sie mit allem Anschein des Mitgefühls. Wie könnte man einer so freundlichen Reisenden eine «Kommission» verweigern? Nie ein Irrtum: die Wahrheit folgt dieser intelligenten Dame auf dem Fuß! Nie ein überflüssiges Wort! Sogar die Briefe an ihre Freundin sind Muster entschiedener Prägnanz, entschieden wie ihr ganzes Leben, das eng, bewegt (und zugleich gleichmütig) und wohlgeordnet ist.

Jede Existenz hat eine Mitte, ein Ziel, einen Antrieb: das ist es wohl, was die Psychoanalytiker «den Lebenstrug» nennen. Nun, Madame Coffins Lebenstrug besteht in der Liebe. Madame Coffin liebt wie ein Mann, d.h. wahllos, wie es gerade kommt. In der Eisenbahn sucht sie ein Abenteuer und findet es oder im Hotel oder im Geschäft: sie ist so zärtlich in ihren kleinen Liebesaffären, daß sie ihre Gelegenheitsliebhaber bezaubert; übrigens wird sie sie ebenso leicht wieder los, denn sie ist ängstlich, schüchtern, vorsichtig und fürchtet immer, man könnte ihre Schwächen, wenn ich das so sagen darf, ausnützen, um ihr zu schaden.

Buchen wir noch auf Madame Coffins Aktivseite, daß sie gut zu ihren Eltern ist, denen sie ständig Geld schickt, daß sie im Zug viel liest, ohne von ihrer Lektüre zu reden, aus Gründen, die ich vorhin schon erwähnt habe, und daß sie sich gern esoterischen Fragen zuwenden würde, wenn sie nicht fürchtete, sich zu sehr dafür zu interessieren.

Merken wir noch an, daß sie wohl kaum ein Automobil für ihre Reisen benutzen kann und zwar aus zweierlei Gründen: erstens wegen mangelnder Präzision im Geistigen, die sie für die Mechanik untauglich macht; zweitens wegen eines entschiedenen Charakters, der es ihr unmöglich macht, sich an die Straßenverkehrsregeln zu halten und ihr ständig ruinöse Strafmandate einbringen würde.

Zweite Dekade

«An Paris bewegt mich, daß man berühmten Leuten begegnet, ohne es auch nur zu ahnen. All diese großen Männer! All diese Köpfe! Glauben Sie's, in diesen Hirnen sind schon tolle Sachen! Damals auf den Boulevards, ich war in einem Juweliergeschäft angestellt..., ich liebte alle diese wertvollen Sachen... Und mein Vergnügen bestand darin, die berühmten Leute vorübergehen zu sehen. Der Besitzer kannte sie und nannte sie mir: ‹Schau an›, sagte er, ‹da ist Monsieur Alphonse Allais, der seinen Pernod im Napolitain trinkt!› Oder man sah Monsieur de Max im Wagen mit seinem großen Hund vorbeifahren. Da war Monsieur Jean Lorrain dabei, die Einkäufe in seiner Kutsche zu verstauen, oder Monsieur Catulle Mendès, der Mademoiselle Moreno zum Diner ins Café américain führte. Monsieur Courteline hatte einen kleinen Bolerohut auf und Monsieur Lajeunesse mit seinem Schmollmund und seinen Armbandanhängern! Ah, Monsieur! Es war meine Wonne, sie zu sehen, ich hätte sie ausfragen wollen, gern wissen wollen, wie ihnen die Inspiration kam. Wenn ich erfahren hätte, sie seien arm, hätte ich mich um sie kümmern mögen. Oh! Nicht, daß ich selbst ihnen etwas gegeben hätte, denn damals war ich keine stattliche Bürgerin wie ich es heute dank meines Mannes bin, aber ihnen Arbeit verschaffen … oder Geld. Einmal habe ich zu einem unserer Kunden gesagt, Monsieur Jacques Doucet, auch einer der Großen von damals: ‹Da ist dieser arme Monsieur Lajeunesse, der seine liebe Not hat!› Werden Sie es glauben, daß Monsieur Doucet ihm fünfhundert Francs geschickt hat, natürlich anonym, um ihn nicht zu kränken? Das war der schönste Tag meines Lebens. Als Monsieur Doucet mir gesagt hat: ‹Ich habe

Ihrem Schützling fünfhundert Francs geschickt!› Glauben Sie es mir oder nicht ..., ich zeigte ihm gerade Ringe für ein Geschenk, das er Madame Réjane machen wollte ... Als er mir das gesagt hat, habe ich mein Taschentuch hervorgeholt und geweint ... Monsieur Doucet muß gedacht haben, daß ich in Monsieur Lajeunesse verliebt wäre. Denken Sie bloß! Verliebt in einen Schriftsteller (zwar war er ziemlich häßlich und schmutzig, aber was macht das schon bei einem Genie, nicht wahr?), ich, in einen Schriftsteller verliebt, ich, eine kleine Ladenangestellte, die immer hinter der Theke steht! ... Nachher habe ich gelacht ... Ja, ich war sehr glücklich. Dann habe ich meine Stelle verloren, ich war Laufbotin. Ja, und unterwegs dachte ich an all diese großen Genies ... Jetzt, sehen Sie, habe ich viele Bücher! Es sind alles ‹nacherzählte Leben›, Biographien und Memoiren. Das ist mein Vergnügen. Oh, nicht etwa, daß ich auf sie neidisch wäre, wie eine Kleinbürgerin; neidisch, nein. Ich liebe sie, ich werde sie bis zu meinem Tod lieben, ich habe die großen Männer von Kindheit an geliebt. Würde mir eine gute Fee sagen: ‹Du kannst dein Leben noch einmal beginnen, was möchtest du sein?› Ich würde ihr antworten: ‹ich möchte die Vertraute eines großen Denkers sein; ihn unterstützen, Abschriften für ihn machen. Sie finden mich bestimmt lächerlich, in meinem wattierten Morgenmantel, meinen verschlissenen Pantoffeln, Ihnen so etwas zu sagen. Oh! Ich hatte soviel Mühe im Leben! Ich habe nicht mehr die Kraft, kokett zu sein, außer für meinen Mann. Der liebe Gott ist auch noch da, ich glaube daran! Aber ihm geht es um die Seele; die schmutzigen Morgenmäntel und die Pantoffeln sind ihm einerlei. Mein erster Mann, ja, der wollte mich kokett, er schlug mich, er trank, ich habe mich nachts mit meinem Kind auf dem Arm aufs Land davongestohlen, alles zurücklassend, was ich besaß. Ich habe nun diesen gefunden, der sehr vernünftig ist, er hat mich ein bißchen aus Mitleid geheiratet, und ich liebe ihn wie ein Obdach. Oh! Ich bin nicht stolz, ich nehme sein Almosen an wie die Apostel Almosen annehmen, aber ich bin ehrlich und ich kümmere mich um sein Heim. Ich ärgere ihn, weil ich zu leicht heule, dann zwinge ich mich lustig zu sein. Auch mag er es nicht, daß ich ihm von Gott, von den großen Männern, den Genies spreche; wenn ich Lust verspüre, so mit ihm zu reden, wie ich es jetzt mit Ihnen tue ... unter uns ... dann kneife ich mich in den Arm, um still zu bleiben! Denken Sie nur, diesem Mann verdanke ich alles; also bin ich ihm einige kleine Opfer schuldig. Meine Mission auf Erden besteht in der Dankbarkeit gegenüber diesem Mann! Er mag Kinder ... ich habe keine gehabt ... daher habe ich zwei adoptiert. Er mag es lustig, ich bin dagegen eher traurig, nach meinem bisherigen Leben und den Geldverlusten und meinem ersten Mann; ich zwinge mich also zu lachen, zu singen: ich schalte den Plattenspieler ein, wenn er nach Hause kommt. Er mag keine Blumen. Oh! Ich hatte früher Blumen so gern. Es kommt mir keine Blume mehr ins Haus. Ich zwinge mich sogar zum Bergsteigen während der Ferien, weil er das liebt, und ich sage nie, daß ich müde bin. Er ahnt nichts von alledem. Schauen Sie, früher legte ich mir gern die Karten, das war meine Leidenschaft. Eines Tages hat er zu mir gesagt: ‹Nun? ... glaubst du an dieses dumme Zeug, Agathe?› Das hat genügt, Monsieur. Ich habe meinen Tarot verbrannt. Er hat es bemerkt und mir gesagt: ‹Du bist gut!› Nein, ich bin sogar eher hart, aber ich mag es nicht, wehzutun, ich kann nicht sehen, wie die anderen leiden!»

Dritte Dekade
Madame Harmel ist eine Preziöse. Ihre Wohnung ist «hypermodern», ihre Gemälde sind avantgardistisch, ihre Freunde hermetische

Dichter. Ich hörte sie eines Tages bei einem Kunsthändler, der ihr von Christian Bérard gemalte Porträts zeigte, sagen: «Nehmen Sie diese Porträts nicht fort, bevor sie nicht tiefer in unsere Herzen gedrungen sind!» Sie gibt viel Geld für ihre Garderobe aus und verkündet, daß «unser Gewand ein Kunstwerk sein muß». Das hindert sie nicht, mit einem Schutzmann zu schlafen, oft sehr schmutzig zu sein und Flüche und gemeine Reden von sich zu geben.

Man rühmt ihren Geist sehr und noch mehr ihre Spiritualität; es ist möglich, daß man weniger davon reden würde, wenn sie nicht so reich wäre. Ihr Geist und ihre Spiritualität sind übrigens nicht zu leugnen. Sie liest viel, betet mit Demut und Eifer zu Gott, beschäftigt sich mit Okkultismus, mit den einschlägigen Meistern, versenkt sich in Gebete und bemüht sich, mit Gott zu reden, doch verlangen Sie nicht von ihr, daß sie ihre Chaiselongue an Tagen, an denen sie träge ist (d.h. an allen Tagen) verläßt, verlangen Sie keine geistige Anstrengung von ihr, sei es auch die, Ihnen verständlich das Buch zu resümieren, das sie gerade mit drei heftigen Wörtern verrissen hat, sie wird Ihnen «Scheiße!» antworten und sich auf ihrem Kissen zur Wand hin umdrehen ... sofern Sie Ihnen nicht, da Ihr Gesicht ihr

gefällt, einen zärtlicheren Empfang bereitet ...
Zärtlich? Dazu müßte sie es sein können.
Man sagt von ihr, sie sei eine «schöngeistige Schlächterin». Das Wort ist treffend. Indes, wenn sie Schlächterin ist, dann ist sie überhaupt nicht mehr schöngeistig und umgekehrt. In Wirklichkeit ist sie eine Frau, die zwei extreme Pole besitzt und die es nie verstanden hat, menschlich zwischen diesen Polen zu leben. Sie ist entweder Engel oder Tier und nicht Frau. Ein Mann, ihr Gatte, hat sich in sie verliebt, weil sie ihm wegen dieser beiden Pole gefiel, und nun ist sie reich: sonst hätte sie vom Leben nur bittere Enttäuschungen gehabt, denn das Glück, – aus Gründen, die hier zu erläutern nicht angebracht ist – lächelt nur den sehr menschlichen Wesen. Hat sie zärtliche Gefühle für diesen Gatten? Sie soll sehr sentimental und sogar sehr romantisch sein; das ist möglich: die menschliche Seele hat verborgene Winkel. Sie soll feinfühlig sein, und Tatsache ist, daß sie sich sehr gut den Milieus, die sie durchstreift, anzupassen weiß, seien es auch die ihres Geliebten. Sie soll eine gute Mutter sein. Ich jedenfalls habe sie immer nur in der Nähe ihrer Kinder gesehen, um sie rufen zu hören: «Geht spielen, meine Kleinen! Nehmen Sie sie mit, Mademoiselle!»

INHALT

Vorwort 9

Symbole der Tierkreiszeichen 14

Widder 17

Stier 37

Zwillinge 55

Krebs 71

Löwe 89

Jungfrau 105

Waage 119

Skorpion 139

Schütze 157

Steinbock 177

Wassermann 199

Fische 225

Literatur der Moderne
im insel taschenbuch

Hans Christian Andersen: Spaziergang in der Sylvesternacht. it 1130
Lou Andreas-Salomé: Lebensrückblick. Grundriß einiger Lebenserinnerungen. it 54
– Rainer Maria Rilke. Mit acht Bildtafeln im Text. it 1044
Emmy Ball-Hennings: Märchen am Kamin. it 945
Bertolt Brecht: Hauspostille. it 617
Hans Carossa: Erinnerungen an Padua und Ravenna. Zwei Kapitel aus ›Italienische Aufzeichnungen‹ von 1947. it 581
– Das Jahr der schönen Täuschungen. it 1091
– Eine Kindheit. it 295
– Die Schicksale Doktor Bürgers. it 830
– Der Tag des jungen Arztes. it 1137
– Verwandlungen einer Jugend. it 296
Tankred Dorst: Grindkopf. Libretto für Schauspieler. Mitarbeit Ursula Ehler. it 929
– Korbes. Ein Drama. it 1114
– Der nackte Mann. it 857
Federico García Lorca: Die dramatischen Dichtungen. it 3
Manfred Hausmann: Der Hüttenfuchs. Erzählung. it 730
Hermann Hesse: Bäume. Betrachtungen und Gedichte. Mit Fotografien von Imme Techentin. it 455
– Dank an Goethe. Betrachtungen, Rezensionen, Briefe. it 129
– Franz von Assisi. it 1069
– Gedichte des Malers. Zehn Gedichte mit farbigen Zeichnungen. it 893
– Hermann Lauscher. it 206
– Kindheit des Zauberers. Ein autobiographisches Märchen. it 67
– Knulp. Drei Geschichten aus dem Leben Knulps. Mit dem Fragment ›Knulps Ende‹. it 394
– Magie der Farben. Aquarelle aus dem Tessin. it 482
– Mit Hermann Hesse durch Italien. Ein Reisebegleiter durch Oberitalien. it 1120
– Piktors Verwandlungen. Ein Liebesmärchen, vom Autor handgeschrieben und illustriert, mit ausgewählten Gedichten und einem Nachwort versehen von Volker Michels. it 122
– Schmetterlinge. Betrachtungen, Erzählungen, Gedichte. it 385
– Die Stadt. Ein Märchen, ins Bild gebracht von Walter Schmögner. it 236
– Der verbannte Ehemann oder Anton Schievelbeyn's ohnfreywillige Reisse nacher Ost-Indien. Handgeschrieben und illustriert von Peter Weiss. Mit einem erstmals veröffentlichten Opernlibretto von Hermann Hesse. it 260
– Der Zwerg. Ein Märchen. it 636

Literatur der Moderne
im insel taschenbuch

Marie Hesse: Ein Lebensbild in Briefen und Tagebüchern. it 261
Monica Huchel: Fürst Myschkin und die anderen. Ein Katzen-Brevier. it 808
Henrik Ibsen: Ein Puppenheim. it 323
Jens Peter Jacobsen: Frau Marie Grubbe. Interieurs aus dem 17. Jahrhundert. it 841
– Niels Lyhne. it 44
– Die Pest in Bergamo und andere Novellen. it 265
Marie Luise Kaschnitz: Beschreibung eines Dorfes. Fotografien von Michael Grünwald. it 665
– Eisbären. Ausgewählte Erzählungen. it 4
Harry Graf Kessler: Tagebücher 1918-1937. it 659
Dieter Kühn: Bettinas letzte Liebschaften. it 894
– Flaschenpost für Goethe. it 854
Ferdinand Kürnberger: Der Amerikamüde. Amerikanisches Kulturbild. it 942
Lesebuch der Jahrhundertwende. Prosa aus den Jahren 1889 bis 1908. it 997
Malwida von Meysenbug: Memoiren einer Idealistin. it 824
Christian Morgenstern: Alle Galgenlieder. it 6
– Palmström. it 314
Marcel Proust / Eugène Atget: Ein Bild von Paris. Texte und Photographien. it 669
Rainer Maria Rilke: Sämtliche Werke. 6 Bände in Kassette. it 1101-1106
– Band I: Gedichte. Erster Teil. it 1101
– Band II: Gedichte. Zweiter Teil. it 1102
– Band III: Jugendgedichte. it 1103
– Band IV: Frühe Erzählungen und Dramen. it 1104
– Band V: Kritische Schriften. Worpswede. Auguste Rodin. it 1105
– Band VI: Malte Laurids Brigge. Kleine Schriften. it 1106
– Am Leben hin. Novellen und Skizzen 1898. Mit Anmerkungen und einer Zeittafel. it 863
– Die Aufzeichnungen des Malte Laurids Brigge. it 630
– Auguste Rodin. it 766
– Ausgesetzt auf den Bergen des Herzens. Gedichte aus den Jahren 1906 bis 1926. it 98
– Briefe. 3 Bde. in Kassette. it 867
– Die Briefe an Gräfin Sizzo. 1921-1926. it 868
– Das Buch der Bilder. Des ersten Buches erster Teil. Des ersten Buches zweiter Teil. Des zweiten Buches erster Teil. Des zweiten Buches zweiter Teil. it 26

Literatur der Moderne
im insel taschenbuch

Rainer Maria Rilke: Die drei Liebenden. Die Liebe der Magdalena. Portugiesische Briefe. Die Briefe der Marianna Alcoforado. Die vierundzwanzig Sonette der Louïze Labé. it 355
– Duineser Elegien. Die Sonette an Orpheus. it 80
– Erste Gedichte. Larenopfer. Traumgekrönt. Advent. it 1090
– Ewald Tragy. it 1142
– Frühe Gedichte. it 878
– Gedichte. Aus den Jahren 1902 bis 1917. it 701
– Geschichten vom lieben Gott. it 43
– Die Letzten. Im Gespräch. Der Liebende. it 935
– Neue Gedichte. Der Neuen Gedichte anderer Teil. it 49
Rilkes Landschaft. In Bildern von Regina Richter zu Gedichten von Rainer-Maria Rilke. it 588
– Späte Gedichte. it 1178
– Das Stunden-Buch, enthaltend die drei Bücher: Vom Mönchischen Leben. Von der Pilgerschaft. Von der Armut und vom Tode. it 2
– Über den jungen Dichter und andere kleine Schriften aus den Jahren 1906 bis 1926 in zeitlicher Folge. it 340
– Wladimir, der Wolkenmaler und andere Erzählungen, Skizzen und Betrachtungen aus den Jahren 1893-1904. it 68
– Worpswede. Fritz Mackensen. Otto Modersohn. Fritz Overbeck. Hans am Ende. Heinrich Vogeler. it 1011
– Zwei Prager Geschichten und ›Ein Prager Künstler‹. it 235
Leopold von Sacher-Masoch: Venus im Pelz. Mit einer Studie über den Masochismus von Gilles Deleuze. it 469
August Strindberg: Ein Puppenheim und andere Erzählungen. it 282
Felix Timmermans: Dämmerungen des Todes. it 297
– Franziskus. Roman. it 753
– Das Jesuskind in Flandern. it 937
– St. Nikolaus in Not. it 2023
Georg Trakl: Die Dichtungen. it 1156
Robert Walser: Fritz Kochers Aufsätze. it 63
– Gedichte. it 761
– Liebesgeschichten. it 263
Frank Wedekind: Ich hab meine Tante geschlachtet. Lautenlieder und »Simplicissimus«-Gedichte. it 655

Alte Welt und Mittelalter
im insel taschenbuch

Aischylos: Prometheus in Fesseln. Zweisprachige Ausgabe. Herausgegeben und übersetzt von Dieter Bremer. Mit Hinweisen zur Deutung und Wirkungsgeschichte. it 918

Jost Amman: Frauentrachtenbuch. Mit kolorierten Holzschnitten der Erstausgabe von 1586 und einem Nachwort von Manfred Lemmer. it 717

Apuleius: Der goldene Esel. Mit Illustrationen von Max Klinger zu ›Amor und Psyche‹. Aus dem Lateinischen von August Rode. Mit einem Nachwort von Wilhelm Haupt. it 146

Augustinus: Bekenntnisse. Lateinisch und Deutsch. Eingeleitet, übersetzt und erläutert von Joseph Bernhart. Mit einem Vorwort von Ernst Ludwig Grasmück. it 1002

Joseph Bédier: Der Roman von Tristan und Isolde. Mit Holzschnitten von 1484. Deutsch von Rudolf G. Binding. it 387

Otto Borst: Alltagsleben im Mittelalter. Mit zeitgenössischen Abbildungen. it 513

Giordano Bruno: Das Aschermittwochsmahl. Übersetzt von Ferdinand Fellmann. Mit einer Einleitung von Hans Blumenberg. it 548

Dante: Die Göttliche Komödie. Mit fünfzig Holzschnitten von Botticelli. Deutsch von Friedrich Freiherr von Falkenhausen. 2 Bde. it 94

Epikur: Philosophie der Freude. Briefe, Hauptlehrsätze, Spruchsammlung, Fragmente. Übertragen und mit einem Nachwort versehen von Paul M. Laskowsky. it 1057

Erasmus von Rotterdam: Das Lob der Torheit. Mit den Randzeichnungen von Hans Holbein dem Jüngeren. Übersetzt und herausgegeben von Uwe Schultz. it 369

Das Evangeliar Heinrichs des Löwen. Erläutert von Elisabeth Klemm. Mit farbigen Bildtafeln. it 1121

Aulus Gellius: Attische Nächte. Ein Lesebuch aus der Zeit des Kaisers Marc Aurel. Herausgegeben von Heinz Berthold. it 1079

Geschichte des Königs Apollonius von Tyrus. Ein antiker Liebesroman nach dem Text der Gesta Romanorum. Übertragen von Ilse und Johannes Schneider. Mit Illustrationen von Harry Jürgens. it 977

Geschichten aus dem Mittelalter. Herausgegeben von Hermann Hesse. Aus dem Lateinischen übersetzt von Hermann Hesse und J.G.T. Graesse und mit Nacherzählungen von Leo Greiner. Neu zusammengestellt von Volker Michels. it 161

Gesta Romanorum. Das älteste Märchen- und Legendenbuch des christlichen Mittelalters. Übersetzt von J.G.T. Graesse. Ausgewählt und eingeleitet von Hermann Hesse. it 315

Griechisches Lesebuch. Herausgegeben von Hellmuth Flashar. it 995

Alte Welt und Mittelalter
im insel taschenbuch

Griechisches Theater. Aischylos: Die Perser. Die Sieben gegen Theben. Sophokles: Antigone. König Ödipus. Elektra. Aristophanes: Die Vögel. Lysistrata. Menander: Das Schiedsgericht. Deutsch von Wolfgang Schadewaldt. it 721

Helmut Hiller: Heinrich der Löwe. Herzog und Rebell. Eine Chronik von Helmut Hiller. it 922

Homer: Ilias. Neue Übertragung von Wolfgang Schadewaldt. Mit antiken Vasenbildern. it 153

Klosterleben im deutschen Mittelalter. Nach zeitgenössischen Quellen von Johannes Bühler. Mit zahlreichen Abbildungen. Herausgegeben von Georg A. Narciß. it 1135

Christoph Kolumbus: Bordbuch. Mit einem Nachwort von Frauke Gewecke und zeitgenössischen Illustrationen. it 476

Dieter Kühn: Ich Wolkenstein. Eine Biographie. Neue, erweiterte Ausgabe. it 497

Das Leben der Heiligen. Eine Auswahl aus der ältesten deutschen Druckausgabe von Heiligenlegenden »Das Passional«. Mit zahlreichen farbigen Holzschnitten. it 892

Das Leben des Flavius Josephus. Aus seinen eigenen Aufzeichnungen zusammengestellt und übersetzt von Emanuel bin Gorion. it 536

Longus: Daphnis und Chloë. Ein antiker Liebesroman. Aus dem Griechischen übersetzt und mit einem Nachwort von Arno Mauersberger. Mit Illustrationen der »Edition du Régent«. it 136

Thomas Malory: Die Geschichten von König Artus und den Rittern seiner Tafelrunde. 3 Bde. Übertragen von Helmut Findeisen auf der Grundlage der Lachmannschen Übersetzung. Mit einem Nachwort von Walter Martin. Mit Illustrationen von Aubrey Beardsley. it 239

Meister Eckhart: Das Buch der göttlichen Tröstung. Ins Neuhochdeutsche übertragen von Josef Quint. it 1005

Minnesinger. In Bildern der Manessischen Liederhandschrift. Mit Erläuterungen herausgegeben von Walter Koschorreck. Vierundzwanzig Abbildungen. it 88

Die Nibelungen. In der Wiedergabe von Franz Keim. Mit Illustrationen von Carl Otto Czeschka. Mit einem Vor- und Nachwort von Helmut Brackert. Im Anhang die Nacherzählung ›Die Nibelungen‹ von Gretel und Wolfgang Hecht. it 14

Ovid: Liebeskunst. Nach der Übersetzung von W. Hertzberg. Bearbeitet von Franz Burger-München. Mit Abbildungen nach etruskischen Wandmalereien. it 164

Francesco Petrarca: Dichtungen. Briefe. Schriften. Auswahl und Einleitung von Hanns W. Eppelsheimer. it 486

Alte Welt und Mittelalter
im insel taschenbuch

Gaius Petronius: Satiricon oder Begebenheiten des Enkolp. In der Übertragung von Wilhelm Heinse. Mit Illustrationen von Marcus Behmer. it 169

Philostratos: Erotische Briefe. Des älteren Philostratos erotische Briefe nebst den Hetärenbriefen des Alkiphron. Herausgegeben von Paul Hansmann. it 1165

Platon: Phaidon. In der Übersetzung von Rudolf Kassner. Mit einem Nachwort von Karl Hielscher. it 379

– Theaitet. In der Übersetzung und mit den Erläuterungen Friedrich Schleiermachers. Revision und Nachwort von Reinhard Thurow. it 289

– Das Trinkgelage oder Über den Eros. Übertragung, Nachwort und Erläuterungen von Ute Schmidt-Berger. Mit einer Wirkungsgeschichte von Jochen Schmidt und griechischen Vasenbildern. it 681

Römisches Lesebuch. Herausgegeben von Manfred Fuhrmann. it 996

Der Sachsenspiegel in Bildern. Aus der Heidelberger Bilderhandschrift ausgewählt und erläutert von Walter Koschorreck. it 218

Sagen der Römer. Geschichten und Geschichte aus der Frühzeit Roms. Nach antiken Autoren erzählt von Waldemar Fietz. it 466

Sappho: Strophen und Verse. Übersetzt und herausgegeben von Joachim Schickel. it 309

Friedrich Schlegel: Romantische Sagen des Mittelalters. Herausgegeben von Hermann Hesse. it 930

Gustav Schwab: Sagen des klassischen Altertums. 3 Bde. Mit sechsundneunzig Zeichnungen von John Flaxman und einem Nachwort von Manfred Lemmer. it 127

Seneca: Von der Seelenruhe. Philosophische Schriften und Briefe. Herausgegeben und aus dem Lateinischen übertragen von Heinz Berthold. it 743

Sophokles: Antigone. Übertragen und herausgegeben von Wolfgang Schadewaldt. Mit einem Nachwort, einem Aufsatz, Wirkungsgeschichte und Literaturhinweisen. it 70

– König Ödipus. Übertragen und herausgegeben von Wolfgang Schadewaldt. Mit einem Nachwort, drei Aufsätzen, Wirkungsgeschichte und Literaturnachweisen. it 15

Tacitus: Germania. Zweisprachig. Übertragen und erläutert von Arno Mauersberger. it 471

Der tanzende Tod. Mittelalterliche Totentänze. Herausgegeben, eingeleitet und übersetzt von Gert Kaiser. it 647

Alte Welt und Mittelalter
im insel taschenbuch

Teresa von Avila: Von der Liebe Gottes. Über etliche Wort des Hohenlieds Salomonis. Nach der deutschen Erstübersetzung von 1649 bearbeitet von Barbara Könneker. Herausgegeben und mit einem Nachwort versehen von André Stoll. Mit zahlreichen Abbildungen. it 741

Theokrit: Sämtliche Dichtungen. Aus dem Griechischen übertragen und herausgegeben von Dietrich Ebener. it 1158

François Villon: Sämtliche Dichtungen. Zweisprachige Ausgabe. Aus dem Französischen von Walther Küchler. it 1039

Walther von der Vogelweide: Gedichte. Mittelhochdeutscher Text mit der Übertragung von Karl Simrock aus dem Jahre 1833. it 1004

Weisheit aus der Wüste. Worte der frühen Christen. Herausgegeben von Gerd Heinz-Mohr. Mit farbigen Abbildungen. it 1187

Wie ein Mann ein fromm Weib soll machen. Mittelalterliche Lehren über Ehe und Haushalt. Herausgegeben, ins Neuhochdeutsche übertragen und mit einem Nachwort versehen von Michael Dallapiazza. it 745

Morgenland und östliche Weisheit
im insel taschenbuch

Aladin und die Wunderlampe. Aus dem Arabischen von Enno Littmann. Mit Illustrationen einer französischen Ausgabe von 1001 Nacht von 1865/66. it 199

Ali Baba und die vierzig Räuber. Und die Geschichten von den nächtlichen Abenteuern des Kalifen aus 1001 Nacht. Aus dem Arabischen von Enno Littmann. Mit Illustrationen einer französischen Ausgabe von 1001 Nacht von 1865/66. it 163

Arabische Märchen. Aus mündlicher Überlieferung gesammelt, übertragen und mit einem Nachwort, einem Namensverzeichnis und Worterklärungen versehen von Enno Littmann. it 779

Buddhistische Legenden. Übertragen und herausgegeben von Heinrich Zimmer. Mit einem Vorwort von Friedrich Wilhelm. it 820

Chinesische Liebesgedichte aus drei Jahrtausenden. Aus dem Chinesischen übertragen, nachgedichtet und herausgegeben von Ernst Schwarz. it 442

Chinesische Novellen. Übertragen von Franz Kuhn. Mit einem Nachwort und Anmerkungen herausgegeben von Věceslava Hrdličkovà. it 848

Chinesische Volkserzählungen. Ausgewählt und mit einem Nachwort von Kuan Yu-Chien. Mit Illustrationen von I-Ching Cheng. it 522

Deutsche Denker über China. Herausgegeben von Adrian Hsia. it 852

Die drei Reiche. Roman aus dem alten China. Mit vierundzwanzig Holzschnitten. Aus dem Chinesischen von Franz Kuhn. it 585

Eisherz und Edeljaspis oder die Geschichte einer glücklichen Gattenwahl. Ein Roman aus der Ming-Zeit. Aus dem Chinesischen von Franz Kuhn. Mit sechsundzwanzig Holzschnitten einer alten chinesischen Ausgabe. it 123

Erotische Geschichten aus den Tausendundein Nächten. Aus dem arabischen Urtext der Wortley Montague-Handschrift übertragen und herausgegeben von Felix Tauer. it 704

Die Erzählungen aus Tausendundein Tag. Vermehrt um andere Morgenländische Geschichten. Herausgegeben von Paul Ernst. Übersetzt von Felix Paul Greve. it 1001

Die Erzählungen aus den Tausendundein Nächten. Vollständige deutsche Ausgabe in zwölf Bänden. Zum ersten Mal nach dem arabischen Urtext der Calcuttaer Ausgabe aus dem Jahre 1839. Übertragen von Enno Littmann. it 224

Die Geschichte von Sindbad dem Seefahrer. Sowie von der Messingstadt und von Abu Mohammed dem Faulpelz. Aus dem arabischen Urtext von Enno Littmann. Mit Illustrationen von Gustave Doré und anderen. it 90

Morgenland und östliche Weisheit
im insel taschenbuch

Geschichten der Liebe aus den Tausendundein Nächten. Aus dem arabischen Urtext übertragen von Enno Littmann. Mit acht farbigen Miniaturen. it 38

Im fernen Osten. Forscher und Entdecker in Tibet, China, Japan und Korea 1689-1911. Herausgegeben von Georg Adolf Narciß. it 853

Die Jadelibelle. Roman. Aus dem Chinesischen von Franz Kuhn. it 944

Kin Ping Meh oder Die abenteuerliche Geschichte von Hsi Men und seinen sechs Frauen. 2 Bde. Aus dem Chinesischen übertragen von Franz Kuhn. Mit Illustrationen einer alten Ausgabe. it 253

Lao-Tse: Führung und Kraft aus der Ewigkeit. Das Tao-te-king in der Übertragung aus dem chinesischen Urtext von Erwin Rousselle. it 849

Morgenländische Erzählungen. Herausgegeben von Hermann Hesse. it 409

Murasaki: Die Geschichte vom Prinzen Genji, wie sie geschrieben wurde um das Jahr Eintausend unserer Zeitrechnung von Murasaki, genannt Shikibu, Hofdame der Kaiserin von Japan. 2 Bände. Nach der englischen Übertragung von Arthur Waley. Deutsch von Herberth E. Herlitschka. Mit zahlreichen farbigen Abbildungen. it 1003

Neue Erzählungen aus den Tausendundein Nächten. Die in anderen Versionen von 1001 Nacht nicht enthaltenen Geschichten der Wortley-Montague-Handschrift der Oxforder Bodleian Library. 2 Bände in Kassette. Aus dem arabischen Urtext vollständig übertragen und erläutert von Felix Tauer. it 1209

Kakuzo Okakura: Das Buch vom Tee. Aus dem Japanischen übertragen und mit einem Nachwort versehen von Horst Hammitzsch. Mit Fotos aus Japan und einem Essay von Irmtraud Schaarschmidt-Richter. it 412

Die Rache des jungen Meh oder Das Wunder der zweiten Pflaumenblüte. Roman. Aus dem Chinesischen übertragen von Franz Kuhn. it 353

Di e Räuber vom Liang Schan Moor. Ein altchinesischer Roman. Mit sechzig Holzschnitten. Aus dem Chinesischen übertragen von Franz Kuhn. it 191

Der Traum der Roten Kammer. Ein Roman aus der frühen Tsing-Zeit. 2 Bde. Aus dem Chinesischen übertragen von Franz Kuhn. Mit zeitgenössischen Illustrationen. it 292

Und Buddha lacht. Anekdoten aus dem alten China. Erzählt von Franz Kuhn. it 1027

Wen Kang: Die schwarze Reiterin. Roman aus der Tsing-Zeit. Aus dem Chinesischen von Franz Kuhn. Mit zeitgenössischen Illustrationen. it 474

Kunst und Musik
im insel taschenbuch

Aus der Kunst des polnischen Volkes. Stücke der Sammlung Ludwig Zimmerer in Warschau. Herausgegeben von Willy Fleckhaus. it 448

Johann Sebastian Bach. Leben und Werk in Daten und Bildern. Herausgegeben von Klaus-Peter Richter. it 788

Ernst Batta: Obelisken. Ägyptische Obelisken und ihre Geschichte in Rom. it 765

Alban Berg. Leben und Werk in Daten und Bildern. Herausgegeben von Erich Alban Berg. it 194

Hector Berlioz: Groteske Musikantengeschichten. Aus dem Französischen von Elly Ellès. it 859

Besuche im Städel. Betrachtungen zu Bildern. Herausgegeben von Klaus Gallwitz. Mit biographischen Notizen von Dolf Sternberger. it 939

Gottfried Boehm: Paul Cézanne. Montagne Sainte-Victoire. Eine Kunst-Monographie. it 826

Cézanne. Leben und Werk in Texten und Bildern. Von Margret Boehm-Hunold. it 1140

George Clémenceau: Claude Monet. Betrachtungen und Erinnerungen eines Freundes. Mit einem Nachwort von Gottfried Boehm. it 1152

Das Evangeliar Heinrichs des Löwen. Erläutert von Elisabeth Klemm. Mit farbigen Bildtafeln. it 1121

Goethes Gedanken über Musik. Eine Sammlung aus seinen Werken, Briefen, Gesprächen und Tagebüchern. Herausgegeben von Hedwig Walwei-Wiegelmann. Mit achtundvierzig Abbildungen erläutert von Hartmut Schmidt. it 800

Vincent van Gogh: Briefe an seinen Bruder. Drei Bände in Kassette. Herausgegeben von Johanna Gesina van Gogh-Bongers. Deutsch von Leo Klein-Diepold und Carl Einstein. Mit farbigen Abbildungen. it 954

Van Gogh in seinen Briefen. Mit Abbildungen. it 177

Wolfgang Hildesheimer: Endlich allein. Collagen. Mit einer Einführung des Künstlers »Die Ästhetik der Collage«. it 898

– In Erwartung der Nacht. Collagen. Mit einer Einführung des Künstlers »Zu meinen neuen Collagen«. it 1052

Max Imdahl: Picassos Guernica. Eine Kunst-Monographie. Mit Abbildungen und einer Klapptafel. it 806

Heinz Jatho: Max Beckmann. Das Schauspieler-Triptychon. Eine Kunst-Monographie im insel taschenbuch. it 1134

Marie Luise Kaschnitz: Die Wahrheit, nicht der Traum. Das Leben des Malers Courbet. it 327

Harald Keller: Die Kunstlandschaften Italiens. 2 Bde. it 627

Kunst und Musik
im insel taschenbuch

Oskar Kokoschka. Leben und Werk in Daten und Bildern. Herausgegeben von Norbert Werner. it 909

Monique Lange: Edith Piaf. Die Geschichte der Piaf. Ihr Leben in Texten und Bildern. Aus dem Französischen von Hugo Beyer. Mit einer Discographie. it 516

Gotthold Ephraim Lessing: Laokoon. Herausgegeben von Kurt Wölfel. it 1048

Claude Lévi-Strauss: Der Weg der Masken. Aus dem Französischen von Eva Moldenhauer. it 288

Julius Meier-Graefe: Cézanne. Mit farbigen Abbildungen. it 1139
– Delacroix. Mit farbigen Abbildungen. it 1193
– Hans von Marées. Zwei Bände in Kassette. Mit farbigen Abbildungen. it 1046
– Renoir. Mit farbigen Abbildungen und einem Nachwort von Andreas Beyer. it 856
– Vincent van Gogh. Mit farbigen Abbildungen. it 1015

Michelangelo: Zeichnungen und Dichtungen. Ausgewählt und kommentiert von Harald Keller. Übertragung der Dichtungen von Rainer Maria Rilke. Nachwort zu den Zeichnungen von Harald Keller. Nachwort zu den Gedichten von Friedrich Michael. Mit einem Essay von Thomas Mann. it 147

Minnesinger. In Bildern der Manessischen Liederhandschrift. Mit Erläuterungen herausgegeben von Walter Koschorreck. Vierundzwanzig Abbildungen. it 88

Wolfgang Amadeus Mozart: Don Giovanni. Libretto von Lorenzo da Ponte. Zweisprachige Ausgabe. Mit den Zeichnungen von Max Slevogt. Herausgegeben von Horst Günther. it 1009

Mozart-Briefe. Ausgewählt, eingeleitet und kommentiert von Wolfgang Hildesheimer. Mit zeitgenössischen Porträts. it 128

Axel Müller: René Magritte. Die Beschaffenheit des Menschen I. Eine Kunst-Monographie im insel taschenbuch. it 1202

Romola Nijinsky: Nijinsky. Der Gott des Tanzes. Biographie von Romola Nijinsky. Vorwort von Paul Claudel. Übersetzt von Hans Bütow. it 566

Rainer Maria Rilke: Auguste Rodin. Mit 96 Abbildungen. it 766
– Briefe über Cézanne. Herausgegeben von Clara Rilke. Besorgt und mit einem Nachwort versehen von Heinrich Wiegand Petzet. Mit siebzehn farbigen Abbildungen. it 672
– Worpswede. Fritz Mackensen. Otto Modersohn. Fritz Overbeck. Hans am Ende. Heinrich Vogeler. Mit zahlreichen Abbildungen und Farbtafeln im Text. it 1011

Kunst und Musik
im insel taschenbuch

Reiner Speck: Peter Ludwig. Sammler. it 533
Dolf Sternberger: Über Jugendstil. Mit farbigen Abbildungen. it 274
Charles Sanford Terry: Johann Sebastian Bach. Eine Lebensgeschichte. Aus dem Englischen von Alice Klengel. Mit einer Nachbemerkung von Klaus Peter Richter. it 802
Richard Wagner: Ausgewählte Schriften. Herausgegeben von Dietrich Mack. Mit einem Essay von Ernst Bloch. it 66
Wagner-Parodien. Ausgewählt und mit einem Nachwort versehen von Dieter Borchmeyer und Stephan Kohler. it 687

Anthologien
im insel taschenbuch

Alt-Prager Geschichten. Gesammelt von Peter Demetz. it 613
Alt-Wiener Geschichten. Gesammelt von Joseph Peter Strelka. it 784
An den Mond. it 956
Das andere Ferienbuch. Vom Urlaub mit Hindernissen. it 1174
Anthologie der erotischen Literatur aller Zeiten und Völker. 2 Bde. in Kassette. it 1141
Arm und reich. Geschichten und Gedichte. it 1031
Bäume. Das Insel-Buch der Bäume. Gedichte und Prosa. it 1041
Ludwig Bechstein: Hexengeschichten. it 865
Berlin im Gedicht. it 851
Besuch bei Toten. Ein imaginärer Friedhof. Angelegt von Peter Maigler. it 871
Blätter aus Prevorst. Eine Auswahl von Berichten über Magnetismus, Hellsehen, Geistererscheinungen aus dem Kreise Justinus Kerners. it 1019
Briefe an den Vater. Zeugnisse aus drei Jahrhunderten. it 1045
Das Brunnenbuch. Gedichte und Prosa. it 933
Das Buch der Liebe. Gedichte und Lieder ausgewählt von Elisabeth Borchers. it 82
Capri. Ein Lesebuch. it 1077
Deutsche Criminalgeschichten. Von Schiller, Goethe, Kleist, E. T. A. Hoffmann und anderen. it 773
Deutsche Denker über China. it 852
Deutsche Mariendichtung aus neun Jahrhunderten. it 1168
Einladung zum Essen. Buch für Gäste. it 1161
Die Eisenbahn. Gedichte. Prosa. Bilder. it 676
Ermutigungen. Das Insel-Buch der Tröstungen. Gedichte und Prosa. it 1053
Faust-Parodien. Eine Auswahl satirischer Kontrafakturen. it 1147
Feiern und Feste. Ein Lesebuch. it 738
Das Ferienbuch. Literarische Souvenirs, aufgelesen von Vera Pagin und Hans-Joachim Simm. it 1082
Flucht und Exil. Geschichten und Berichte aus zwei Jahrhunderten. it 1070
Das Fohlen und andere Tiergeschichten. it 993
Frauenbriefe der Romantik. it 545
Das Frühlingsbuch. Gedichte und Prosa. it 914
Geschichten vom Buch. it 722
Der Golem. Geschichten um eine Legende. it 1036
Griechisches Lesebuch. it 995
Bret Harte: Goldgräbergeschichten. it 803

Anthologien
im insel taschenbuch

Heidelberg- Lesebuch. Stadt-Bilder von 1800 bis heute. it 913

Das Herbstbuch. Gedichte und Prosa. it 657

Das Hundebuch. Geschichten, Gedichte und Bilder von Herren und ihren Hunden. it 785

Die Insel-Weihnachtskassette. Das Weihnachtsbuch. Das Weihnachtsbuch für Kinder. Das Weihnachtsbuch der Lieder. 3 Bde. in Kassette. it 45/156/157

Gerhard Kaiser: Augenblicke deutscher Lyrik. Von Martin Luther bis Paul Celan. it 978

Das Kalte Herz und andere Texte der Romantik. it 330

Das Katzenbuch. Von Katzen und ihren Freunden. Geschichten, Gedichte, Bilder. it 567

Kennst du das Land, wo die Zitronen blühn. Italien im deutschen Gedicht. it 927

Lesebuch der Jahrhundertwende. Prosa aus den Jahren 1889 bis 1908. it 997

Liebe Mutter. Eine Sammlung von Elisabeth Borchers. it 230

Liebe und Tod in Wien. Geschichten aus einer Stadt. it 815

Lieber Vater. Eine Sammlung von Gottfried Honnefelder. it 231

Liebesgeschichten. it 789

Loreley. Gedichte, Prosa, Bilder. it 1065

Der neue Pitaval. Eine Sammlung der interessantesten Kriminalgeschichten. it 819

Friedrich Nietzsche: ›Wie man wird, was man ist.‹ Ermutigungen zum kritischen Denken. it 1096

Das Poesiealbum. Verse zum Auf- und Abschreiben. Mit Bildern und Vignetten. it 414

Poetische Grabschriften. Mit zehn Radierungen von Christoph Meckel. it 951

Der Rhein. Seine poetische Geschichte in Texten und Bildern. it 624

Römisches Lesebuch. Herausgegeben von Manfred Fuhrmann. it 996

Schwestern berühmter Männer. Zwölf biographische Porträts. it 796

Das Sommerbuch. Gedichte und Prosa. it 847

Spuk- und Hexengeschichten. it 908

Tageszeiten. Gedichte. it 1196

Über die Liebe. Gedichte und Interpretationen aus der ›Frankfurter Anthologie‹ it 794

Der versiegelte Engel. Erzählungen zu Ikonen. it 1132

Vom Abschied. Eine Gedichtsammlung. it 694

Vom Tod. Ein Lesebuch für Jedermann. it 1037

Wagner-Parodien. it 687

Anthologien
im insel taschenbuch

Was ist denn eigentlich die Jugend? Eine literarische Spurensuche von Gottfried Honnefelder. it 1129

Weihnachten. Erzählungen aus alter und neuer Zeit. it 946

Das Weihnachtsbuch. Mit alten und neuen Geschichten, Gedichten und Liedern. it 46

Das Weihnachtsbuch der Lieder. Mit alten und neuen Liedern zum Singen und Spielen. it 157

Das Winterbuch. Gedichte und Prosa. it 728